꼴찌 박사

〈이 책의 저자 수익금은 도움이 필요한 어린이를 위해 쓰입니다〉

꼴찌 박사

지은이 | 조명환
초판 발행 | 2017. 9. 4
26쇄 | 2024. 4. 18
등록번호 | 제1988-000080호
등록된 곳 | 서울특별시 용산구 서빙고로65길 38
발행처 | 사단법인 두란노서원
영업부 | 2078-3352   FAX | 080-749-3705
출판부 | 2078-3331

책 값은 뒤표지에 있습니다.
ISBN 978-89-531-2955-9   03230

독자의 의견을 기다립니다.
tpress@duranno.com   http://www.duranno.com

두란노서원은 바울 사도가 3차 전도여행 때 에베소에서 성령 받은 제자들을 따로 세워 하나님의 말씀으로 양육
하던 장소입니다. 사도행전 19장 8-20절의 정신에 따라 첫째 목회자를 돕는 사역과 평신도를 훈련시키는 사역,
둘째 세계선교(TIM)와 문서선교(단행본·잡지) 사역, 셋째 예수문화 및 경배와 찬양 사역, 그리고 가정·상담 사
역 등을 감당하고 있습니다. 1980년 12월 22일에 창립된 두란노서원은 주님 오실 때까지 이 사역들을 계속할
것입니다.

{ 꼴
찌 박
사 }

조명환 지음

두란노

◇◇◇ c o n t e n t s ◇◇◇

Part 2 만남
: 하나님은 사람을 통해 일하신다

Part 3 사명
: 나는 하나님의 선한 영향력이 되련다

◇◇◇   **추천의 글**   ◇◇◇

큰 울림을 주는 에드나의 사랑

꼴찌 학생이던 조명환 교수의 삶은 드라마틱하다. 보석 같은 만남이 꼬리에 꼬리를 물고 축복으로 이어졌다. 예수 그리스도와의 만남, 파란 눈의 어머니 에드나와의 만남, 세계 정상 석학들과의 만남으로 이어지는 조 교수의 삶은 하나님의 승리요 인간 승리의 대하드라마다. 지상의 천사 에드나가 45년간 매달 보낸 15달러와 사랑의 메시지는 감동으로 목이 멜 정도다. 우리 모두에게 큰 울림을 준다.

두상달_한국기독실업인회(CBMC) 중앙회장

하나님의 위대한 손길을 신뢰하는 삶

조명환 교수님은 참 멋진 분입니다. 나비넥타이를 종종 매고 나타나 사람들에게 기쁨을 주기도 하고, 조금은 낡은 버버리 코트에 정말 잘 어울리는 스카프를 매고 순진한 소년처럼 웃는 모습이 참으로 매력적인 분입니다. 저는 조 교수님의 이런 모습이 여느 분들과 사뭇 달라서 궁금한 마음에 사적인 이야기를 여러 번 들었습니다. 그의 내면에 속속들이 배어 있는 하나님에 대한 사랑과 신뢰, 그리고 하늘에서 받은 것이 아니면 갖기 어려운 넘치는 창의력! 그만의 소중한 이야기들은 저를 감동시켰고 또 많은 생각을 하게 했습니다. 저 혼자만 듣기에는 너무 아까웠는데 이렇게 책으로 많은 분들도 접하게 되어 가슴이 벅찹니다. 가장 어둡고 힘든 순간에도 하나님의 위대한 손길을 신뢰하는 삶에 주시는 놀라운 열매를 이 책을 읽는 모든 독자도 맛보길 기대합니다.

문애란_G&M 글로벌문화재단 대표

섬세한 하나님을 증거하는 따뜻한 종

'하나님, 하나님은 조 교수님을 저보다 더 사랑하시나요?' 글을 읽으며 아버지의 섬세함에 살짝 샘이 났다. 간증, 우리 인생에 깊이 관여하시는 하나님을 드러내는 그 간증이 여기 살아 있다. 조 교수님은 부자여서도 아니고, 유명해서도 아니고, 단지 나를 사랑하시는 하나님, 섬세하신 어머니 같은 하나님을 참 따뜻하게 증거하고 있다. 이 책은 너무도 잔잔한 아버지의 사랑을 쏟아 내고 있다. 나도 공평하신 주님의 사랑을 같이 나눠 갖고 싶다! 또 한 번 아버지가 살아 계심을 증거하는 만남에 감사를 전한다.

이성미_방송인

전능자의 사랑을 생생하게 보다

하나님께서 그 보이지 않는 손길로 최고의 걸작품을 빚으셨습니다. 가장 작은 자를 만인이 벅찬 감동으로 바라보게 하셨습니다. 세상의 높은 자들이 부러워하는 자리로 옮겨 놓으셨습니다. 시름으로 밤을 지새우는 이들에게 소망의 눈을 뜨게 했습니다. 사람의 능력이나 노력으로는 불가능한 상황 그리고 그 속에서 은혜로 이루어져 가는 기적의 삶, 이것이 조명환 교수님의 인생입니다.

그의 인생 여정에는 보이지 않는 주님의 손길이 느껴지고, 들리지 않는 주님의 음성이 들립니다. 헤아릴 수 없는 하나님의 사랑이 그의 걸음마다 새겨집니다. 그래서 우리는 이 책에서 고백된 한 마디 한 마디에서 하나님이 일하시는 강한 팔과 가난한 영혼을 돌보시는 불꽃같은 눈빛과 원하시면 능치 못함이 없으신 전능자의 사랑을 생생하게 볼 수 있습니다.

이 책을 읽는 누군가는 그의 인생에 개입하신 하나님을 경험하게 될 것입니다. 열정과 겸손으로 빛을 발하는 지혜와 세계적인 석학의 지식 그리고 그를 통한 섬김의 삶이 우리의 교만을 부끄럽게 하고 새사람으로 거듭나게 할 겁니다. 천방지축인 우리의 인격이 하나님의 정과 끌로 고결하게 다듬어지는 독서가 되길 바랍니다.

조동천_예수뿐인교회 담임목사

하나님을 비추는 거울 같은 책

이 책을 읽으면서 조명환 장로님이 어떻게 그렇게 한결같이 겸손하면서도 평안한 모습을 간직할 수 있는지 그 비밀을 알게 되었습니다. 그것은 하나님의 흔적이었습니다. 살아 있는 은혜의 표징이었습니다. 꼴찌 학생에서 글로벌 교수로, 에이즈 선구자에서 말씀 치유 사역자로, 생명공학자에서 영생 전도자로 이끌어 가시는 하나님의 손길이 느껴집니다. 이 모든 과정에 45년간 다함없는 사랑을 전한 미국 어머니 에드나를 통해 하나님이 개입하시는 것이 신비롭습니다. 지금도 살아 역사하시는 하나님을 이 책에서 만나실 것입니다. 이 책은 하나님을 비추는 거울입니다.

한기채_중앙성결교회 담임목사

하나님의 사랑은 살아 있다

나는 어머니가 개척교회 주일학교 교사를 하고 있을 때 태어나 지금까지 평생 주님을 믿는 축복을 받았다. 비록 가난하여 미국의 원조를 받으며 성장했고, 남들보다 학습 능력이 떨어져 공부가 제일 힘들었지만 신앙으로 잘 인내하며 학교를 다닐 수 있었다. 그동안 남의 신앙 간증은 많이 들었지만 나의 신앙 간증은 해 본 적도 없고 특별히 나눌 간증도 없다고 생각했다. 더구나 나의 개인적인 이야기를 여러 사람 앞에서 공개적으로 나누는 것이 몹시 불편했다. 그래서 페이스북이나 트위터 혹은 인스타그램 같은 소셜미디어와도 거리가 멀다. 그런 내가 요즘 전혀 상상도 못하던 일을 하고 있다.

전국을 다니며 신앙 간증을 하고 있는 것이다. 심지어 방송에도 소개되어 국내는 물론 외국에도 알려졌다. 미국 알래스카에 살고 있다는 한 권사님이 방송을 통해 내 얘기를 듣고 은혜 받았다며 전화까지 주셨다. 이제는 한술 더 떠 내 이야기를 책으로 출간하기에 이르렀다.

지금도 나는 단상에서 소리 높여 간증하는 내 모습이 의식되면 속으로 깜짝깜짝 놀란다. 그러나 이렇게 공개적으로 내 이야기를 알리는 일이 여전히 어색하고 불편한데도, 내 의지와 상관없이 계속해서 간증할 일이 생기고 있다는 사실이다. 내가 하고 싶어서도 아니고 특별히 계획한 것도 아닌데, 나는 왜 전국을 다니며 간증을 하고 있을까? 그 이유를 알지 못해 스스로 질문을 계속하고 있었다. 그런 중에도 내 간증을 듣고 눈물 흘리는 사람들을 보면서, 간증하는 나 자신도 눈물 흘리는 것을 보면서, 이것은 하나님이 하시는 일이라는 확신은 있었다. 그럼에도 여전히 나는 간증하는 것이 불편했다.

그러던 어느 날 익산의 어느 목사님에게서 간증을 요청하는 전화가 왔다. 그런데 주일 11시 본예배에서 해 달라고 했다. 나는 오후 예배나 저녁 예배는 가능하나 11시 예배는 본교회 출석으로 어렵다고 거절했다. 그런데 몇 주 후 목사님이 다시 전화해서 내 마음을 움직이는 결정적인 한마디를 하셨다.

"우리 교회 성도들 중에는 하나님은 구약시대나 신약시대, 그리고 성경에만 계시지 지금도 살아 계시며 일하신다는 것을 실감하지 못하는 성도들이 많아요. 조 교수님의 간증은 하나님이 지금도 우리를 사랑하시며 일하신다는 것을 생생하게 알려 주고 있어요. 한 성도라도 더 들을 수 있도록 11시 예배에 오시면 좋겠습니다."

성도를 진심으로 사랑하는 목사님이었다. 나는 당장 가겠다고 했고, 역시 하나님께서 큰 은혜로 집회를 이끌어 주셨다. 간증을 마치고 한 청년이 찾아왔다. 그 청년은 단칸방에서 가족과 살고 있는데, 가족 모두 하는 일마다 안 돼서 혼자서 경비 일을 하며 힘겹게 살아가고 있었다. 그는 너무 힘들어 자살까지 생각한 적이 있다고 했다. 그는 간증을 듣고 '나를 사랑하시는 하나님'을 발견했다면서 이제는 하나님만 온전히 의지하며 열심히 살겠다고 했다.

나는 그날 그 청년의 얼굴에 떠오른 미소를 보고 하나님이 왜 나를 여기에 보내셨는지 그리고 왜 이런 일들을 시키시는지 알게 되었다.

한번은 서울 중심에 있는 어느 교회에서 간증 초청을 받았다. 성공한 분들이 많은 교회였다. 나의 신앙 간증은 희망과 용기가 필요한 이들에게 유익하다고 생각했기에 이미 인생을 성공적으로 살고 있는 사람들에게 전하기가 불편했다. 그러나 거기에도 하나님의 기름 부음이 강하게 나타났고, 많은 분들이 눈물을 흘리며 은혜를 받았다. 집회를 마친 뒤 원로장로님 한 분이 내게 쪽지를 건네주었는데, '80여 년 인생에서 만난 가장 위대한 이야기'라고 적혀 있었다. 한 냉면집에서 교회 목사님과 그 원로장로님과 점심을 같이했다. 장군 출신의 장로님은 이 귀한 만남을 위해 준비한 게 있다며 주머니에서 원고를 꺼내더니 영어로 사도신경을 낭독했다. 그러면서 내 간증을 듣고 구순 가까운 자신의 긴 여정을 함께해 주신 하나님의 사랑을 발견했다며 눈물을 글썽였다. 영어로 낭독한 사도신경은 이분의 신앙 간증이었던 것이다. 그 어떤 간증보다, 그 어떤 연설보다 감동적이었다.

간증 현장에서 만나는 사람들은 내게 하나님의 사랑을 전하라고 말씀하시는 하나님의 메신저들이었다. 나는 그 이유를 모르겠다고 계속해서 질문했지만 하나님은 가장 가까운 데서 그 대답을 들려주셨던 것이다. 그러니 "내 마음이 확정되었고, 내 마음이 확정되었사오니"[시 57:7] 더 용기를 내어 기쁜 마음으로 내가 만난 하나님을 자랑하는 이야기를 쓸 수밖에 없었다. 지금 당신은 그 이야기를 읽고 있다.

2017년 9월

조명환

Part 1

훈련

"하나님은 너를 사랑하신다,

그분을 믿어라"

Merry Christmas
    Happy New Year!.
I know it will be a very
happy-joyous Christmas
for you all - the very best
ever - with Wena and Sang-
man making the Holiday
Season an exciting fun time
for you all as children
always do.
I hope all is well with you
Im sure you are busy as
ever - and I hope all your
family is enjoying good health
All here are fine and we are
looking forward to enjoying
Christmas Day together.
There wont be as many as
in former years. - but it will
be as merry as ever - a blessed
Day.
    I will be writing you soon

1995년 8월 11일, 나는 미국을 가기 위하여 짐을 싸고 있었다. 미국은 이미 10여 년 살아 보았고 수없이 방문한 곳이었다. 그런데 이번 방문은 여느 때와 달랐다. 마치 어렸을 때 소풍 준비를 하면서 가방에 사이다와 콜라, 김밥 따위를 넣으며 들뜨던 그런 기분이었다. 다음 날 김포국제공항으로 가는 차에 오르면서 나의 심장은 더욱 뛰었다. 그날의 하늘은 유난히 높고 맑아 보였다. 습한 여름 공기였지만 전혀 덥지 않았고 오히려 나뭇가지를 흔들어대는 봄바람처럼 얼굴에 상쾌함을 불어넣고 지나갔다. 입국 수속을 마치고 공항 대합실에서 기다리는 동안에도, 나는 조금이라도 더 빨리 비행기에 오르고 싶어서 조바심을 냈다.

드디어 비행기 탑승 안내 방송이 나왔다. 그런데 어린이 동행자가 있는 승객과 일등석과 비즈니스석 탑승객은 먼저 타라는 안내가 흘러나왔다. 당연한 소리인데도 그날은 그조차 견디기 힘들었다. 비행기를 빨리 탄다고 빨리 출발하는 것도 아닐 텐데 말이다.

드디어 비행기가 굉장한 속도로 활주로를 달리더니 곧 하늘로 힘차게 올랐다. 아, 마침내 이 특별한 미국 방문을 위한 첫 관문을 통과한 것이다. 순식간에 긴장이 풀리며 나도 모르게 얼굴에 미소가 떠올랐다. 창밖으로 보이는 구름 위를 뛰어다니는 기분이었다. 나는 40년 만에 사랑하는 어느 여인을 만나러 미국에 가고 있었다.

　미국 시카고에서 비행기를 갈아탄 뒤 네브래스카 주 오마하 시에 도착했다. 네브래스카는 처음 방문이었다. 렌터카를 빌린 뒤 가도 가도 끝없이 옥수수밭이 펼쳐진 길을 두어 시간 달렸다. 저 앞으로 'Welcome to St. Paul'이라는 이정표가 보이자 심장박동이 빨라지기 시작했다. 하도 두근거려 더 이상 운전할 수가 없어서 이정표 앞에 차를 세우고 한참을 쳐다보았다.

　네브래스카 주 세인트폴… 지난 40년 동안 매달 내게 배달되어 온 편지의 겉봉에 적혀 있던 곳. 나는 다시 차를 몰아 마을 어귀에 있는 작은 가게에 들어가 주소와 이름을 보여 주며 이 사람이 아직 여기에 살고 있느냐고 물어보았다. 가게 점원은 그렇다고 했다. 나는 터질 듯한 심장으로 차를 천천히 몰아 목적지에 도착했다. 하얀 이층집이었다. 그러나 흐르는 눈물을 주체할 수 없어 한 시간가량 차 밖으로 나갈 수 없었다. 이윽고 마음을 추스르고 하얀 이층집으로 걸어가 문을 두드렸다. 마침내 나는 내가 이 세상에 태어난 이래 매달 편지와 15달러를 보내 준 미국 어머니 에드나 넬슨^{Edna E. Nelsen}이 사는 바로 그 집에 온 것이다!

꼴등을 해도 게으르진 않았다

북청군 신창읍이 고향인 아버지는 고등학교 2학년 때 한국전쟁이 터지자 혼자 피난을 내려왔다. 땅을 많이 소유한 재산가였던 할아버지와 가족들은 이북에 머물기로 하고 혹시 모르는 참상을 피하기 위해 장남인 아버지만 남한으로 피난을 온 것이다. 아버지는 함흥에서 배를 타고 주문진으로 내려왔으나 끼니를 해결하지 못하고 고생하다 다시 38선을 넘어 고향으로 돌아가려다가 국군에 체포되었다.

이때 아버지는 고등학생이라 머리를 삭발한 탓에 북한 인민군으로 오해를 받아 심한 고문을 받았다고 했다. 극구 인민군임을 부인하자 국군은 고등학생이라는 걸 증명하라 했고, 아버지는 '피타고라스 정리'$^{a^2+b^2=c^2}$를 설명해 보임으로써 마침내 포로의 신분에서 풀려났다. 아버지는 지금도 피타고라스 정리가 아니었다면 지금의 우리 가족은 없었을 것이라고 말한다. 이후 아버지는 국군에 입대해 한국전쟁에 참여했고, 전쟁 후 화랑무공 훈장까지 받았다. 그러나 아버지는 지금까지 실향민 신세다.

북청군 북청읍이 고향인 어머니는 가족과 함께 피난을 왔다. 당시 어머니와 가족들은 배고픈 국군들에게 밥을 해 주다가 여기 계속 있다가는 인민군에게 죽을 수도 있다는 국군의 말에 피난을 결심했다. 영화 〈국제시장〉을 보면 흥남에서 1만 4천 명의 피난민을 구한 메러디스 빅토리호가 나오는데, 어머니와 가족들은 바로 그 배의 맨 아래층에 타고 흥남을 탈출하여 사흘 뒤인 성탄절에 거제항에 도착했다.

나는 한국전쟁이 끝나고 3년 후에 태어났다. 당시 아버지와 어머니는 어린 나이였고 아무 가진 것도 없는 실향민이어서 생활은 매우 고달팠다. 내가 중학교 2학년 때 담임 선생님이 수업 중에 나를 비롯해 세 명의 학생들의 이름을 부르더니 아직까지 등록금을 내지 않았으니 당장 집에 가서 등록금을 가져오라고 했다. 아직도 훤한 대낮에 울면서 학교 문을 나서던 것이 어제 일처럼 생생하다.

하지만 나는 그런 대로 착한 아들로 성장했던 것 같다. 착실히 교회 나가고 공부하는 학생이었다. 다만 마음이 여리고 약해서 자주 매 맞고 울면서 집에 들어와 부모님 속을 썩여 드렸다. 또 공부를 못해서 부모님 마음을 흡족하게 해 드리지 못했다. 공부는 열심히 하는데 성적은 늘 반에서 하위권을 벗어나지 못했다.

돌아보면, 아무리 공부해도 성적이 오르지 않는데도 꿋꿋이 책상에 앉아 공부한 것이 참 신기하다. "네가 좀 더 자자, 좀 더 졸자, 손을 모으고 좀 더 누워 있자 하니 네 빈궁이 강도같이 오며 네 곤핍이 군사같이 이르리라" 잠 24:33-34 는 말씀을 설교 중에 듣고 가난에서 벗어나려면 게으르면 안 된다 고 생각했기 때문이었는지도 모르겠다. 당시는 가난을 벗어버리고 싶은 갈 망 때문에 이 말씀을 붙잡았지만, 이후로도 이 말씀은 나로 하여금 꾸준히 노력하도록 견인했다. 하나님은 안식일을 언급하실 때 "엿새 동안은 힘써 네 모든 일을 행할 것"출 20:9 이라고 말씀하신다. 이처럼 엿새 동안 열심히 일 하는 것은 십계명의 일부이기도 하다. '힘써 일하는 것'은 하나님이 우리에 게 기대하시는 것이다.

하나님은 태초에 인간을 최선을 다해 일하는 존재로 지으셨으며 지 금도 그 설계에 따라 살라고 부르시고 이끄신다. 다윗은 하나님께 공의로운 심판을 구하는 기도를 하면서, 나의 '의'와 나의 '성실함'을 따라 나를 심판 해 달라고 했다시 7:8. 하나님께서 사람을 판단하실 때 무엇을 중요한 기준으 로 보시는지 알 수 있는 대목이다. 지금 생각해도 참으로 다행한 일은 내가 성실하고 노력하는 사람이었다는 사실이다. 일단 책상에 앉으면 8시간 정도 는 움직이지 않고 앉아서 공부할 수 있었다. 그럼에도 성적은 늘 하위권이었 지만 신기하게도 실망하지 않고 성실했고 노력하기를 멈추지 않았다. 나는 이것이 내 인생의 기적이라고 생각한다.

나는 이해력이 다른 사람들에 비해 떨어졌던 것 같다. 가족이 다 같이 둘러앉아 TV를 보고 있노라면 다른 사람들은 다 웃는데 나만 웃지 못했다. 나중에 여동생들의 설명을 듣고서야 같이 웃을 수 있었다. 그래서 내 여동생 둘은 나를 '형광등'이라고 놀렸다. 지금도 드라마 보는 걸 좋아하지 않는 이유가 이런 유쾌하지 않은 경험 때문인 것 같다.

나의 청소년기는 그다지 행복하지 않았다. 공부를 잘하고 싶은데 그렇지 못했기 때문이다. 하나님께 공부 잘하는 축복을 받고 싶었지만, 결국 고3 때 꼴찌까지 하는 굴욕을 맛보면서 졸업해야 했다. 하지만 세상 공부와 달리 하나님 교육은 잘 받아 소화해서 영적으로 성장하는 축복을 받았다.

나의 신앙의 뿌리는 외가 쪽에서 시작되었다. 어머니는 금호동의 천막교회에서 주일학교 교사로 섬기다 나를 낳았는데, 나는 지금도 내가 태어난 그 교회를 다니고 있다. 당시 개척교회였으니 내 인생 역사와 교회의 역사가 같다. 외할머니 박옥절 권사님은 교인들의 기도의 어머니였다. 유독 가난한 사람들이 많았던 터라 성도들은 아프면 병원에 가지 못하고 할머니의 기도를 받으러 왔다. 외할머니는 아침에 집을 나서서 심방을 다니다 저녁이 되어서야 돌아오곤 했다.

언제 어디서든 기도하는 어머니와 외할머니의 신앙은 나의 신앙 성장에 큰 영향을 미쳤다. 특히 외할머니는 어린 나를 앉혀 놓고 성경 이야기를 들려주는 걸 좋아했는데 나도 할머니의 이야기를 좋아했다.

반면에 아버지는 오랫동안 예수를 영접하지 않았다. 한번은 교회에 십일조 내는 것이 아깝다며 교회 앞에 서서 어머니가 교회 가는 것을 막기까지 했다. 하지만 예수를 영접한 뒤 아버지는 완전히 세상 풍습을 버리고 주님께 헌신하는 삶을 살았다.

우리 집은 비록 가난했지만 기도와 말씀의 양식이 풍성하게 넘쳤다. 하나님은 할머니와 어머니 그리고 나중에는 아버지까지 새벽마다 나를 위해 기도하게 하셨다. 그분들의 기도는 내 삶의 반석이었다. 우리 집 곳간에는 오랜 세월 할머니와 어머니, 아버지가 쌓아 둔 말씀과 기도로 가득 차 있다. 이것은 세상의 부자가 쌓아 올린 금은보화와는 비교할 수 없을 만큼 값지다. 그런 믿음의 유산을 물려준 할머니와 부모님이 늘 자랑스럽고 존경스럽다.

아버지는 이북에서 다닌 고등학교가 학력의 전부였지만 머리가 아주 좋으셨고 기억력도 뛰어났다. 특히 수학을 잘해서 나에게 잘 가르쳐 주었다. 아버지와 어머니는 그렇게 가난한 환경에서도 자식 교육을 최우선순위에 둘 만큼 교육열이 뜨거웠다. 부모님은 재산을 모아 부자가 되는 것보다 자식을 교육시켜 훌륭한 인재로 만드는 것이 더 큰 자산이라고 믿었다. 이는 북청 사람들의 신조와 같은 것이었다.

흔히 북청 사람들을 '북청 물장수'라고 부른다. 물을 팔아 자식 교육을 시킬 정도로 교육열이 아주 높다는 뜻에서 그렇게 부른다고 한다.

"새벽마다 고요히 꿈길을 밟고 와서 머리맡에 찬물을 쏴~퍼붓고는 그만 가슴을 디디면서 멀리 사라지는 북청 물장수… 날마다 아침마다 기다려지는 북청 물장수."

김동환의 시 '북청 물장수'다. 대략 1800년대 전후로 서울에서 물을 길어다 파는 물장수가 부상하기 시작했는데, 주로 북청 사람들이 이 일을 했다고 한다. 1880년대에 내한한 선교사 호머 헐버트는 그의 유명한 저서 《대한제국 멸망사》[905]에서 조선에서 가장 눈에 띄는 인물로 물장수를 꼽았다. 근대 문명에 일찍 눈을 뜬 북청 사람들이 자식들을 공부시키기 위해 서울에 와서 물장수를 했다는 것이다. 헤이그 밀사 사건의 주인공 이준 열사의 고향이 북청군 속후면인데, 그도 북청 물장수들의 장학금으로 공부했다.

부모님은 내가 유학을 가기 전날 아래의 성경 말씀을 읽어 주었다.

> "울며 씨를 뿌리러 나가는 자는 반드시 기쁨으로 그 곡식 단을 가지고 돌아오리로다"(시 126:6).

부모님은 유학을 보낼 형편도 못 되고 물려줄 재산도 없으나 끝까지 전심으로 기도해 주겠다며 아무 걱정하지 말고 최선을 다해 세계 최고의 선진 학문을 배워서 국가와 세계에 기여하는 인물이 되라고 했다. 그러고는 내 머리 위에 손을 올리고 축복기도를 해 주었다.

미국 유학을 마치고 교수가 되었을 때 외삼촌은 나에게 부모님의 은혜를 잊지 말라고 부탁했다. 그러면서 이런 말을 해 주었다. 어느 추운 겨울날 외삼촌이 우리 집을 방문했는데 부모님이 난방도 하지 않은 추운 안방에서 담요를 덮고 앉아 있더란다. 부모님은 난방비를 아껴서라도 내 유학 비용은 마련하고 싶었던 것이다. 부모님은 비에 젖고 있었으나 내가 비에 젖지 않도록 우산을 받쳐 들고 있었다. 이런 부모님의 희생과 기도로 오늘의 내가 있을 수 있었다. 이런 부모님을 주신 주님께 감사드릴 뿐이다!

파란 눈의 어머니, 에드나

하나님이 나에게 좋은 부모님을 주신 것만도 너무 감사한데, 한 분의
어머니를 더 주셨다. 미국 네브래스카 주 세인트폴 작은 마을에 사는 에드나
넬슨이시다. 내가 아기 때부터 에드나 어머니는 우리 가정에 옷과 분유를 보
내 주었고, 내가 커 가면서는 매달 15달러를 보내 주었다. 에드나 어머니의
이러한 사랑은 2001년 하늘나라 가실 때까지 무려 45년간이나 지속되었다.
어머니가 다니던 충무성결교회 장로님이 세이브더칠드런Save the Children 을 연
결시켜 주었고, 미국인 직원이 우리 집을 직접 방문하여 갓 태어난 나를 확인
하고 사는 환경을 돌아본 후 원조가 시작되었다. 부모님이 편지를 써서 나의

사진과 함께 아동구호연맹 한국 사무소에 전해 주면 그 편지를 번역해서 미국에 있는 에드나 어머니께 보내 주었다. 마찬가지로 에드나 어머니가 편지를 보내면 한국어로 번역해서 우리에게 전달해 주었다.

고등학교를 졸업하고 대학에 들어가면서 나는 에드나 어머니와 직접 편지를 주고받고 싶어졌다. 나는 그때까지도 에드나 어머니가 미국 어디에 살고 있는지 몰랐다. 내가 알고 있던 정보는 미국인이라는 것과 에드나라는 이름이 전부였다. 구호단체에서는 주소를 비롯한 어떠한 신상 정보도 주지 않았다. 대학에 들어가면서 에드나 어머니께 구호단체를 거치지 않고 직접 편지를 주고받고 싶으니 주소를 알려 달라고 했다. 그러자 어머니는 영어로 편지를 쓰면 주소를 알려 주겠다고 했고, 이것이 내가 영어를 공부하게 된 계기다. 대학 입학 후 1년 만에 서툴지만 영어로 편지를 보낼 수 있게 되었고, 이때부터 어머니와 나는 구호단체를 거치지 않고 직접 편지를 주고받게 되었다.

에드나 어머니는 내 꿈을 묻는 질문을 자주했다. 어렸을 때는 소방관이라 했더니 "내가 기도할게, 너는 세계적인 소방관이 될 거야" 했고, 다음엔 야구선수라 했더니 "너는 세계적인 야구선수가 될 거야" 했다. 언제나 내게 용기와 희망을 주려고 노력했다. 어머니는 내가 교수가 된 후에도 매달 변함없이 15달러를 보내 주었다. 어머니는 15달러를 어디에 어떻게 사용했는지 궁금해했네. 내가 어머니가 보내 주신 돈으로 값의 노트를 샀다거나 퇴근길에 아이들 간식을 샀노라고 하면 그렇게 기뻐할 수가 없었다. 어머니가 돌아가실 때까지 어머니의 사랑과 기도가 담긴 15달러와 편지 배달은 45년간 계속되었는데, 어머니의 편지에서 마지막 문장은 늘 같았다.

God loves you

Trust His Love

I pray for you

'하나님은 너를 사랑한다. 그의 사랑을 믿어라. 나는 너를 위하여 기도한다.' 에드나 어머니는 하나님이 먼저 나를 사랑하시고^{요일 4:10}, 나를 사랑으로 지으셨으며, 내가 태어나기 전부터 나의 모든 날을 아셨으며^{시 139:16}, 나를 지키시고 보호하시며 기쁨을 이기지 못하시고 노래하시는 분^{습 3:17}임을 알려 주었다. 그리고 그런 하나님의 사랑을 믿으라고 부탁했다. 아들을 아끼지 않으신 다함없는 사랑^{요 3:16}, 세상의 어떤 존재라도 끊을 수 없는 능력의 사랑^{롬 8:39}을 의심 없이 신뢰하기를 원했다. 어려운 환경에서 태어나 어렵게 살아가는 내게 '내가 어찌 너를 놓겠느냐, 내가 어찌 너를 버리겠느냐^{호 11:8}며 절대 포기하지 않는 하나님의 사랑을 깨닫게 했다. 또한 에드나 어머니는 때때로 혼자 버려진 것처럼 막막할 때마다 나를 위해 기도하는 자가 있음을 깨닫고 용기를 얻게 했다.

"한 사람이면 패하겠거니와 두 사람이면 맞설 수 있나니 세 겹 줄은
쉽게 끊어지지 아니하느니라"(전 4:12).

하나님은 이렇듯 내게 외할머니와 부모님, 그리고 에드나 어머니까지 삼겹 줄의 중보기도 팀을 만들어 주셨다. 어머니 한나의 기도로 아이 사무엘이 점점 자라면서 여호와와 사람들에게 은총을 더욱 받은 것처럼[삼상 2:26], 나 역시 하나님이 은혜로 주신 중보기도 팀 덕에 힘든 역경을 견딜 수 있었고, 감히 이룰 수 없는 꿈을 꾸게 되었고, 감히 닿을 수 없는 곳까지 나아갈 수 있었다!

◇◇ 에드나의 손은 주님의 편지였다

나는 에드나 어머니를 직접 만나 보고 싶었다. 내가 태어날 때부터 나를 도와주고 사랑해 준 양어머니가 너무 보고 싶었다. 미국 유학 중에 한번 찾아뵙고 싶었으나 극구 올 필요 없다고 해서 가지 못했다. 상대방이 굳이 오지 말라는데 불쑥 찾아가는 것도 예의가 아닌 것 같아서 포기했는데 내내 마음에 걸렸다. 그러다 내가 건국대학교 교수가 되고 에드나 어머니가 98세가 되던 1995년 여름, 이러다가 어머니를 생전에 볼 수 없을 것 같아서 실례를 무릅쓰고 무작정 찾아 나섰다.

에드나 어머니를 보면 사랑한다고, 보고 싶었다고, 내 마음이 시키는 대로 아무 말이나 해 주고 싶었다. 한결같은 사랑을 베푼 그 위대한 어머니를 내 입술로 불러 보고 싶었다. 그렇게 나는 태평양을 건너 어느덧 네브래스카 옥수수 밭 사이를 달리게 된 것이다.

　　나는 어느새 사진에서 보았던 세인트폴 작은 시골 마을의 호워드 애비뉴 도로에 있는 하얀 이층집 앞에 와 있었다. 아무리 다시 주소를 보아도 그것은 가슴 벅찬 현실이었다. 집 앞에 차를 세우고도 한참 동안 있었지만 하염없이 흐르는 눈물은 나의 몸을 차 안에 고정시켜 놓았다. 그만 울려고 흐르는 눈물을 두 손으로 받아 보았지만, 멈출 수 없었다. 결국 마음이 가는 대로 눈물이 그냥 흐르게 내버려 두었다.

　　1시간여를 울어도 여전히 벅찬 가슴을 겨우 추스른 뒤 나는 현관문을 두드렸다. 인기척이 없기에 옆으로 돌아가 작은 문을 두드렸다. 잠시 후 문이 열렸다. 에드나 어머니와 함께 살던 동생 릴리안이었다. 에드나는 평생을 독신으로 살았는데, 두 살 아래 동생인 릴리안이 자식들을 결혼시키고 남편마저 떠나보낸 뒤 남은 생애를 언니와 함께 살기 위해 에드나 어머니 집에 와 있었다.

　　릴리안에게 한국에서 온 아들 명환이라고 했더니 깜짝 놀라며 나를 거실 소파로 안내했다. 릴리안은 2층에 에드나 어머니가 있다며 모셔 오겠다고 했다. 그런데 웬일인지 금방이라도 달려 내려올 것 같던 어머니는 한참이 지나도 나타나지 않았다. 30분쯤 지났을 땐 어머니가 갑작스런 나의 방문을 불쾌하게 여기시는 게 아닐까 걱정이 되었다. 그러다 1시간쯤 지났을 땐 혹시 어머니가 나를 만나고 싶지 않으신 걸까 의심이 되었다. 그러고도 내려올 기미가 보이지 않자 혹시 너무 놀라 쓰러지신 게 아닐까 염려가 되었다. 시간이 지날수록 별의별 생각이 다 들면서 태평양을 건너온 시간보다 더 길게 느껴졌다.

　마침내 2시간이 지나서야 어머니는 모습을 드러냈다. 그리고 나는 알았다. 2시간을 기다리는 동안 내가 한 모든 생각은 쓸데없는 것이었음을. 어머니는 어느 누구보다 아름답고 우아한 모습으로 2층 난간에 서 있었다. 태양을 증발시킬 만큼 눈부신 빛으로 싸인 천사 그 자체였다.

　어머니가 거기 서 있기까지 왜 2시간이나 걸렸는지는 금방 알 수 있었다. 샤워를 하고, 머리를 다듬고, 예쁘게 화장을 하고, 빨간 립스틱을 바르고, 귀고리와 목걸이를 하고, 빨간 구두를 신고, 하얀 바지에 빨간 윗도리를 입느라 그렇게 긴 시간이 필요했던 것이다. 한국에서 온 아들에게 가장 아름다운 모습을 보이기 위해서였다.

　어머니는 걷는 게 불편하셨다. 난간을 붙잡고 천천히 내려왔다. 내가 올라가서 부축하려 하자 오지 말라고 했다. 사실 나도 그냥 앉아서 어머니의 사랑스러운 모습을 보고 싶었다. 지금 2층에서 내려오는 저 분이 지난 40여 년간 나를 사랑해 준 분이구나! 내 눈에서는 눈물이 하염없이 흘러내렸다. 그러나 입술에는 미소가 그려져 있었다. 그 순간 천국의 빛에 휩싸인 것처럼 내 몸과 마음은 온통 축복의 기운에 사로잡혀 있었다.

　어머니는 한 층을 내려오시는 데 30여 분이 걸렸다. 어머니와 나는 서로 마주 안은 채 아무 말도 하지 못하고 하염없이 눈물만 흘렸다. 지난 40년을 한결같은 사랑으로 나를 안아 주었던 어머니를 이제는 내가 꼭 안고 있었다.

　"어머니, 사랑합니다. 너무 감사했어요."

어머니는 두 손으로 내 볼을 만지며 나를 바라보았다. 어머니의 얼굴엔 주름이 많았지만 그 눈은 작은 우주가 들어앉은 듯 너무나 맑고 투명했다. 예수님의 눈이 꼭 이렇겠다 싶었다. 나는 어머니의 손을 잡고 한참을 매만졌다. 지난 세월 나를 위해 기도하던 손, 매달 정성스레 내게 편지를 쓰던 손, 사랑의 기적을 만든 손. 내게 어머니의 손은 거룩한 주님의 편지였다.

나는 어머니 집에서 일주일간 머물렀다. 어머니는 자신이 살아온 백 년의 이야기를 들려주었다. 19세기 말인 1897년 8월 11일에 태어난 에드나 어머니는 당시 남성 위주의 미국 사회에서 여성이 차별받는 모습에서 점점 여권이 신장되는 모습을 보았다고 했다. 마차가 다니던 시대에서 아폴로 우주선이 달에 착륙하는 것을 TV를 통해 보았다고도 했다.

"명환아, 내가 살아오면서 정말 신기하게 생각한 발명품이 있는데 그게 뭔지 아니?"

어머니는 거의 100년을 살아오면서 만난 여러 발명품 얘기를 하다가 불쑥 내게 물었다.

"뭐예요?"

나는 내심 컴퓨터라고 대답할 줄 알았다. 그러나 에드나 어머니는 의외로 '팩스기'가 너무 신기한 발명품이라고 했다. 이유를 물으니 팩스기에서 편지가 나오는 게 너무 신기하다는 것이다. 그러고 보니 그동안 팩스를 수시로 사용하면서도 한 번도 신기하다고 생각하지 않은 내가 더 신기했다. 지금 생각해 보니 어머니는 그때까지 컴퓨터를 접한 적이 없었던 것 같다.

그날 어머니와 나는 너무 눈부시지 않으면서도 가슴을 먹먹하게 만드는 아름다운 저녁노을을 같이 보았다. 그것은 우리의 만남을 축복해 주시는 주님이 그려 준 그림이었다.

◇◇ 꼭 하고 싶었던 질문

에드나 어머니를 처음 만난 날도 저물어 갔다. 석양이 지고 실내의 조명이 아름다운 밤이 되었다. 나는 98세의 에드나 어머니를 바라보고 있었다. 이제 한국으로 돌아가면 어머니 연세도 있으니 아무래도 이 만남이 처음이자 마지막일 것이다. 나는 그날 밤 어머니 옆에서 자기로 했다. 창가로 보이는 세인트폴의 밤하늘은 수없이 많은 별들로 꽉 차 있었다. 반짝이는 별들은 마치 우리의 특별한 만남을 축하하기 위해 주님이 아름답게 장식해 주신 것 같았다. 창가를 통해 들어오는 여름 바람은 따뜻한 사랑처럼 우리의 마음을 감싸고 있었다. 나는 어머니를 만나면 꼭 묻고 싶은 질문이 있었다.

"어머니는 어떻게 한 번도 본 적도 없고 연고도 없는 저를 그토록 오랫동안 변함없이 사랑하셨나요?"

"하나님께서는 우리를 너무 사랑한 나머지 독생자 예수를 십자가에 못 박게 하심으로 우리를 구원해 주시고 영생을 선물로 주셨다."

어머니는 에베소서 2장 8절 말씀을 하시면서 "내가 주님께 받은 은혜를 생각하면 너에게 준 사랑은 아직 너무 부족하다"고 하셨다. 또 여쭤보았다.

"그래도 본 적도 없는 나를 어떻게 그토록 오래 사랑해 주실 수 있으신가요?"

"나는 네가 주님이 사랑하는 아들이고 그의 사랑을 신뢰하라고 알려 주고 싶었단다."

"그 메시지를 어떻게 40여 년간 보내실 수 있었나요?"

"주님은 우리에게 주님의 사랑을 보여 주기 위해 2천여 년을 기다리셨단다."

"어머니가 경험한 하나님은 어떤 분이신가요?"

"하나님은 사랑이시다. 그분은 절대 자녀를 포기하시지 않는 분이란다."

"제가 오하이오주립대학에서 제적되었을 때 주님이 저를 버리신 줄 알았어요."

"나는 네가 그때도 여전히 주님의 사랑을 믿기를 기도했단다."

"어머니, 지금 제가 옆에 있어서 좋으세요?"

"예수님까지 셋이 함께 있는 것 같구나."

나는 더 이상 말을 이어 갈 수 없었다. 천사 어머니 앞에서 나는 흐르는 눈물로 주님께 감사하고 있었다. 그리고 네모난 창을 통해 주의 손가락으로 친히 만드신 저 하늘과 또 창공에 매달아 놓으신 달과 별들을 우러러 보았다[시 8:3]. 별들은 창가로 다가와 우리의 대화를 엿듣고 있었다. 나는 창가에 걸터앉은 별 한 점과 눈을 맞추었다.

둘째 날 밤 에드나 어머니가 팝송을 같이 듣자고 했다. 발표된 지 얼마 안 된 곡으로 요즘 많은 미국인이 사랑하는 노래라고 했다. 98세 여성의 마음을 사로잡은 팝송이 무엇일까 궁금했다. 마이클 볼튼의 'A Love So Beautiful'사랑은 정말 아름다워이었다. 지금은 전 세계인이 사랑하는 곡이 되었지만, 당시 나는 처음 들어 보는 곡이었다. 그 의미는 정확히 알 수 없었지만, 분명 아름다운 사랑을 노래하는 것 같았다. 어머니는 환한 천사의 미소로 나를 바라보고 있었고, 마이클 볼튼은 옆에 서서 우리 두 사람의 아름다운 만남을 축하하며 노래하는 듯했다. 나도 모르는 사이 에드나 어머니의 사랑으로 가슴이 촉촉해져서 눈가에 눈물이 고였다. 찻잔을 잡고 있는 주름으로 그늘진 어머니의 두 손이 그렇게 예쁘고 사랑스러워 보일 수가 없었다.

"어머니, 저를 이토록 오래 사랑해 주셔서 감사해요."

어머니의 두 손을 감싸며 나는 이렇게 말했다. 어머니는 "주님은 너를 더 사랑하신다"면서 나를 두 팔로 꼭 안아 주었다. 그녀의 심장이 나의 심장에 달라붙는 것 같았다. 어머니의 사랑은 모든 것을 품고도 모든 것 아래에 있는 땅이었다. 그 사랑에 보답할 특별한 말을 찾아보았지만 "I love you" 밖에는 표현할 말이 없었다.

셋째 날 밤에도 어머니는 내게 특별한 선물을 주었다. 어머니는 어머니 방에 있던 아주 낡은 풍금 앞에 가서는 덮개를 열고 나를 위해 찬송가를 골랐다며 정성스럽게 곡을 쳐 주었다.

주를 앙모하는 자(They that wait upon the Lord)

올라가 올라가(Shall mount up, shall mount up)

독수리같이(Like eagles in flight)

모든 싸움 이기고(They shall conquer in the fray)

근심 걱정 벗은 후(Fears and follies cast away)

올라가 올라가(Mounting up, mounting up)

독수리같이(Like eagles their might!)

주 앙모하는 자 주 앙모하는 자(Who wait upon the Lord)

늘 강건하여라(In strength shall be restor'd!)

"오직 여호와를 앙망하는 자는 새 힘을 얻으리니 독수리가 날개 치며 올라감 같을 것이요 달음박질하여도 곤비하지 아니하겠고 걸어가도 피곤하지 아니하리로다"사 40:31의 말씀을 찬송으로 만든 곡이다. 어머니는 교회에서 평생 성가대원으로 섬겼고 주일학교에서 반주도 했다고 했다.

허리는 굽어 있고, 손가락은 살이 없이 가늘고 주름졌지만, 어머니는 하늘의 천사가 연주한 것 같은 세상 최고의 아름다운 선율을 내게 선사했다. 비록 98세의 힘없는 할머니였지만, 이날 어머니의 연주는 힘찬 날개를 치며 소낙비와 시커먼 먹장구름을 지나 창공 위로 날아 올라가는 독수리처럼 나를 압도했다. 애굽을 탈출한 이스라엘 백성을 독수리 날개로 업어서 하나님이 계신 곳으로 구출하셨다는 출애굽기 19장 4절 말씀이 이해되었다.

어머니는 연주를 마치더니 함께 노래 부르자고 했다. 본인은 성가대에서 알토를 했다며 나에게 멜로디를 하라고 했다. 생전 처음 부르는 영어 찬송이라 발음이 많이 틀리자 어머니는 주일학교 선생님처럼 내게 정확한 발음을 가르쳐 주었다. 몇 번 연습한 뒤 우리는 은혜로운 화음으로 주님께 찬송을 올려 드릴 수 있었다. 주님의 흡족해하시는 모습이 눈에 선했다.

"주님, 아들 명환이를 사랑합니다. 달음박질하여도, 걸어가도 피곤치 않게 새 힘을 얻어 그리스도 안에서 승리하는 인생이 되게 하옵소서. 여호와 하나님을 앙망하므로 약속의 땅에 입성한 여호수아와 갈렙의 믿음을 갖게 하소서. 땅을 내려다보지 말고 위를 쳐다보게 하옵시고, 자신을 보지 말고 하나님을 보게 하소서. 예수님의 이름으로 기도하옵니다. 아멘."

그날 밤 어머니는 내 손을 잡고 이렇게 기도해 주었다.

◇◇ 이웃을 내 몸같이 사랑한 에드나

하루는 동네 구경을 시켜 준다고 해서 어머니를 차에 태우고 동네를 천천히 돌았다. 어머니는 집집마다 앞에서 서라고 하더니 이 집에는 누가 살고, 딸은 어디로 시집갔고, 아들은 도시로 가서 어떤 직장에 다니고 따위의 시시콜콜한 얘기를 들려주었다. 어떤 집은 두 노인이 사는데 부인은 관절염이 있어서 걷기 힘들고 남편은 작년에 뇌경색으로 고생했다느니, 어떤 집은 부인이 몇 년 전 세상을 떠나서 남편 혼자 살고 있다느니 동네 소식을 꿰고 있었다. 영락없이 이웃 간에 정이 많던 우리나라 시골 동네의 모습이었다.

동네를 다 돌고 나서 어머니는 꼭 같이 가야 할 곳이 있다면서 공동

묘지에 데려갔다. 왜 이런 곳에 나를 데려왔을까 의아해하는데 어머니는 차를 멈추라 하더니 어느 묘지 앞으로 나를 안내했다. 묘지 앞 비석에 새겨진 이름을 보고 나는 너무 놀라 심장이 멈추는 것 같았다. 'Helen S. Nelsen, Mar. 14, 1900- Jan. 23, 1959.' 헬렌 넬슨은 에드나의 동생으로서 사실 내가 태어나자마자 도움을 주신 분이다. 하지만 안타깝게도 내가 두 살이 되던 해 하늘나라로 가게 되었고, 에드나 어머니가 동생을 대신해 나의 후원자가 되었다.

나는 그녀의 무덤 앞에 무릎을 꿇고 인사를 드리고 눈물의 감사기도를 드렸다. 그런데 정작 어머니가 이곳에 나를 데려온 이유는 다른 데 있었다. 헬렌 넬슨 묘소 옆에는 'Edna E. Nelsen'이라는 비석이 놓여 있었다. 바로 에드나 어머니의 묘소다. 어머니는 하늘나라로 돌아가면 동생의 묘소 옆에 묻힐 것임을 내게 알려 준 것이다.

주일에는 에드나 어머니가 평생 다니던 교회에 가서 예배를 드렸다. 목사님이 한국에서 왔다며 나를 사람들에게 소개해 주었다. 모두 동네 사람들로 25년간 세인트폴 초등학교 교사를 지낸 에드나 어머니의 제자들이 대부분이었다. 그들 역시 60~80대 노인들로 나는 이미 그들 사이에서 유명인사나 다름없었다. 어머니가 매달 부쳐 온 내 편지를 제자들에게 보여 준 까닭이었다. 그들은 내가 태어나서 자라고 성장하는 모습을 빠짐없이 알고 있었다. 젊은이들은 다 떠나고 노인들만 남아 있는 세인트폴에서는 저 멀리 태평양 건너 한국에 살고 있는 나라는 사람의 성장 과정이 재밌는 소식이었던 것이다.

마을 사람들은 나를 위해 파티를 열어 주었다. 할아버지는 아코디언을 연주하고, 또 다른 할아버지는 바이올린을 연주하고, 각자 준비해 온 음식을 나누며 모두 춤을 추면서 즐거운 시간을 가졌다. 한국전쟁 후 태어난 가난한 아이가 교수가 되어서 돌아오자 마치 그들의 아들인 양 반겨 주었다. 태어나서 동양 사람은 처음으로 가까이서 본다며 내 손과 얼굴을 만져 보는 사람들도 있었다. 그날 그들은 내게 한국은 어떤 나라인지, 어떤 사람들이 사는지 끝도 없는 질문을 해댔다.

나는 에드나 어머니가 상당한 부자인 줄 알았다. 부자 나라에서 살고 오랜 세월 나를 후원했으니 당연히 그런 줄 알았다. 하지만 에드나 어머니는 나보다 더 가난했다. 마지막 직업은 동네 편의점 점원이었다. 나는 그동안 비행기도 많이 타 보았는데 에드나 어머니는 평생 비행기도 타 보지 못했다. 나는 여권이 없는 미국 사람은 처음 보았다. 나는 부자들이 가난한 사람들을 돕는 것으로 알고 있었다. 여유가 있는 사람들이 어려운 사람을 돕는 것으로 알고 있었다. 그러나 그녀는 가난한 시골에 사는 아주 평범한 여인이었다. 여유가 있어야만 남을 돕는 것이 아니었다. 에드나의 사랑은 이웃을 내 몸같이 사랑하라는 주님의 말씀을 실천한 것이었다. 그녀는 남을 돕기 위해 부자가 되기까지 기다리지 않고 자신이 처한 자리에서 가진 것을 정성껏 내놓았을 뿐이었다. 자신도 가난했지만 자신보다 더 어려운 한국의 어린이를 기꺼이 도운 것이다.

예수님은 어떤 과부가 헌금한 두 렙돈을 부자들이 낸 훨씬 많은 액수의 돈보다 크다고 칭찬하셨다. 이유는 부자들은 풍족한 중에서 헌금했지만 과부는 자기가 가진 생활비 전부를 냈기 때문이다^{녹21:1-4}. 에드나 어머니가 45년간 매달 보내 주신 15달러는 '과부의 두 렙돈'이었다. 에드나 어머니는 본인도 넉넉지 못한 중에도 자기보다 더 못한 사람을 위해 기꺼이 물질을 내놓는 사람이었다. 하늘에 보물을 쌓아 놓으라는 주님의 명령을^{마6:20} 따라 산 사람이었다. 도움이 필요한 가난한 자들을 불쌍히 여기는 것이야말로 하늘에 보물을 쌓아 놓는 일인 것이다. 그것은 곧 여호와께 꾸어 드리는 일이다.

에드나 어머니는 재물을 수단으로 삼아 하나님 나라와 의를 추구하는 삶이 무엇인지를 내게 보여 주었다. 또 재물을 쌓는 목적이 하나님의 영광을 위한 것임을 가르쳐 주었다. 보이는 것이 아닌, 보이지 않는 것을 주목하게 했다.

지금에서야 주님의 사랑과 계획, 그리고 왜 나를 이렇게 이끌고 오셨는지 알 수 있을 것 같다. 한 분의 어머니도 감사한데 미국의 어머니까지 만들어 주시고, 어려서부터 큰 나라 미국을 생각하며 성장하게 하셨다. 친구들은 그들이 사는 한국 땅이 전부인 줄 알고 있을 때 나는 에드나 어머니와 매달 주고받는 편지와 사진을 통해 미국을 품에 안았다. 미국의 어머니 에드나가 사는 곳은 어떤 나라일까, 미국 사람은 어떻게 생겼을까, 내게 미국은 가보고 싶은 나라였고 그리운 나라였다. 그것은 당시 가난한 한국의 상황에서 내 또래 아이들이 경험하기 힘든 엄청난 축복이었다.

아마도 그때부터 나는 언젠가는 어머니의 나라 미국에 가야 한다고 생각했던 것 같다. 그리고 남들보다 일찍 미국과 그들이 사용하는 언어인 영어를 공부해야겠다고 생각했던 것 같다. 주님은 나와 에드나 어머니를 만나게 함으로써 단순히 15달러라는 돈을 초월하여 나를 주님의 도구로 삼고 싶으신 계획이 있었던 것 같다.

없는 길도 만드시는 하나님

지금도 이해하기 어려운 일이 있다. 나는 신앙심 깊은 부모님과 외할머니, 그리고 에드나 어머니 덕분에 성실히 신앙생활을 할 수 있었다. 불량학생도 아니었고 나쁜 행동으로 부모님을 가슴 아프게 한 일도 없었다. 그런데 이상하게 늘 책상에 오래 앉아 있는데도 공부를 못했다. 공부도 열심히 했고 기도도 열심히 했건만 정말 이상하게 성적이 늘 안 좋았다. 학창 시절 공부를 잘해 본 적이 없다.

성경은 "농부가 땅에서 나는 귀한 열매를 바라고 길이 참아 이른 비와 늦은 비를 기다리나니"^{약 5:7} 인내하며 참으라고 말씀하지만, 그래서 실제로 오래 참으며 성실히 공부했지만, 대학을 갈 수 있는 성적의 단비는 내리지 않았다. 정말 난감했다. 결국 나는 예비고사와 본고사가 있던 당시 예비고사는 겨우 합격했지만 본고사를 쳐서 갈 수 있는 대학이 없었다.

그런 내게 하나님은 에드나 어머니에 이어 두 번째 인물을 만나게 하셔서 길을 내 주셨다. 어느 날이었다. 건국대학교 정치외교학과 김명진 교수님이 우리 집을 방문했다. 나는 처음 보는 분이지만, 한국전쟁 중에 아버지와 함께 피난 오신 함경도 북청 출신의 아버지 동향 분이었다.

"명환아, 너 대학 갈 때 안 되었니?"

교수님이 이렇게 대뜸 묻기에 대학은 가고 싶으나 성적이 형편없다고 이실직고했다. 그러자 교수님은 내게 꿈이 뭐냐고 물었다. 나는 사실 꿈이 없었다. 단지 대학에 진학할 수 있다면 상대나 법대를 졸업해서 취직하고 결혼하여 평범하게 살고 싶었다. 하지만 교수님이 내 얼굴을 빤히 쳐다보며 질문하는데 '꿈이 없다'고 대답할 순 없었다. 그분의 기대에 걸맞은 답변을 내놓아야 할 것 같았다. 그런데 내 입에서 나도 예측할 수 없었던 대답이 흘러나왔다. 바로 '교수'였다.

교수라니, 동생들로부터 형광등이라는 놀림을 받는 내가 꿈으로 가질 수 있는 직업이 아니었다. 교수라면 무엇보다 공부를 잘해야 했다. 그리고 남에게 공부를 잘 가르칠 수 있어야 했다. 실제로 주변의 교수들을 보면 어려서부터 공부에 두각을 나타낸 사람들이 많았다. 그런데 언감생심 교수라니!

그런데 교수님은 내 대답을 듣고 환하게 웃으며 잘됐다고 했다. 대학에 들어갈 성적도 못 되는데 뭐가 잘되었단 말인가. 교수님은 한 술 더 떠 내가 갈 수 있는 학과가 건국대학교에 있다며 공과대학 미생물공학과^{현재 생물공학과}에 지원하라고 했다. 교수가 되려면 남이 하지 않는 공부를 해야 한다면서 말이다. 귀가 번쩍 뜨였다. 교수님은 지금은 미생물공학과가 인기가 없지만 10년 뒤에는 생명공학 시대가 올 것이라고 했다. 내가 대학 입학을 앞둔 1970년대 중반에는 우리나라 언론에 생명공학이라는 단어가 아예 언급된 적이 없다. 당연히 생명공학 산업도 없었다. 졸업을 해도 취직할 회사가 없으니 당시 생명공학 관련 학과는 비인기 학과로 학생들이 지원하지 않았다. 교수님 말씀대로 후에 생명공학 시대가 도래했으니 교수님은 선견지명이 있는 분이었다.

그런데 문제가 있었다. 나는 문과생이라 공대에 지원할 수 없었다. 지금은 교차 지원이 가능하지만 당시는 힘들었다. 일단 배우는 게 너무 달랐다. 이공계를 가려면 수학Ⅱ, 물리Ⅱ, 화학Ⅱ를 공부해야 했기 때문에 문과생이 이공계에 지원하여 본고사에서 합격하기란 애초부터 불가능했다. 그런데도 교수님은 걱정 말라고 했다. 미달이 될지도 모르니 무조건 원서만 넣으라고 했다. 설사 미달되지 않더라도 앞으로 두 달이 남았으니 그동안 수학Ⅱ의 미적분학만 공부하면 된다고 했다. 즉 수학 문제가 4문제 정도 나오는데 그 가운데 미적분학 문제는 꼭 나오지 않겠냐고 했다.

김 교수님은 그러면서 꿈이 교수라니 앞으로 10년은 공부할 각오를 하라고 했다. 지금은 생명공학과 관련된 산업이 없지만 내가 공부를 마치는 10년 뒤에는 나를 필요로 하는 곳이 반드시 있을 것이라고 했다.

비록 내 적성과 거리가 먼 전공이지만, 대학 진학이 어려운 나로선 선택의 여지가 없었다. 나는 무조건 대학생이 되겠다는 마음으로 교수님의 조언을 따라 건국대학에 입학 원서를 냈다. 하지만 그 해에는 정원을 조금 초과하는 경쟁률을 보여서 본고사를 치러야 했다. 그런데 교수님 말씀대로 수학 4 문제 중 한 개는 미적분학 문제였고 나는 그 한 문제를 맞혀서 꿈에 그리던 대학생이 될 수 있었다.

하지만 막상 공과대학 공부를 하려니 정말 힘들었다. 물리, 화학, 수학 등 교수님들의 강의를 이해하는 것만도 벅찼다. 당연히 성적이 나빴다. 나는 교수님 말씀대로 졸업해 봤자 취직하기도 힘든 만큼 공부해서 교수가 되기로 마음을 다잡았다. 하지만 아무리 공부해도 좋은 성적은 안 나왔다. 그래서 지금도 대학 성적을 떼어 보면 1학년 학점이 D, D, D로 나간다. 그렇게 2학년을 맞았다.

나는 열심히 공부했다. 성적이 조금 나아지기는 했으나 큰 진전이 없었다. 3학년이 되면서 부모님께 학교 앞에서 하숙하게 해달라고 했다. 집이 학교에서 아주 먼 거리는 아니지만 차를 타고 다니는 시간도 아까웠기 때문이다. 수업을 마치면 하숙집에서 저녁을 먹고 다시 학교 도서관으로 가서 공부를 했다. 드디어 3학년부터 좋은 성적이 나오기 시작했다. 내가 믿은 건 '내가 어찌 너를 놓겠느냐! 내가 어찌 너를 버리겠느냐!' 호 11:8는 하나님의 말씀뿐이었나. 결국 나는 평점 A-로 졸업했다 그리고 대학원을 진학해 석사 학위까지 받았다.

고등학교 때 문과생이던 나를 주님은 이공계로 인도하셨다. 운명처럼 받아들였다. 과학도 싫어했고 내 머리로 공부할 수 있는 학문 분야도 아니었지만 김명진 교수님을 통해 열어 주신 길이 생명공학이니 믿음으로 따랐다.

김명진 교수님의 예측은 적중했다. 1980년대 초부터 매일 신문을 펼치면 앞으로 유전공학 시대가 올 것이며 유전공학은 세상을 바꾸어 놓을 것이라고 호들갑을 떨었다. 오늘날 인공지능이니 무인자동차니 4차 산업혁명이니 바이오니 모든 미디어가 한목소리로 떠드는 것처럼 당시는 유전공학을 한목소리로 읊어댔다.

내가 전공한 미생물공학과는 공과대학에서 커트라인이 가장 낮은 학과였는데 지금은 흥미롭게도 공대에서 가장 우수한 학생들이 입학하는 학과가 되었다. 실제로 한창 유전공학 붐이 일어나던 1980년대에 입학한 어느 학생은 미생물공학과를 졸업한 뒤 내가 가르치는 생명과학과로 진학하여 석사 과정을 마치고 미국에서 박사학위를 받은 뒤 지금은 서울대학 교수가 되었다. 나와 함께 입학한 친구들과 선후배들도 생명공학을 공부한 덕분에 지금 우리나라 생명공학 산업과 제약 산업에서 눈부신 활약을 하고 있다.

모든 언론이 유전공학 시대를 예견하던 때 나 역시 그에 편승해 1983년 미국으로 유학을 떠났다. 미국 오하이오 주 콜럼버스 시에 있는 오하이오 주립대학The Ohio State University 미생물학과에서 공부하기 위해서였다. 대학에 진학할 실력도 안 되던 내가 김명진 교수님을 극적으로 만나 적성에도 안 맞는 공과대학에 입학하더니 마침내 미국 대학 대학원에서 입학허가서를 받고 유학을 가게 된 것이다.

정말 신기한 것은 박사가 되고 교수가 된 지금도 드라마를 보면 잘 이해하지 못한다. 하나님께서 '형광등'인 나를 교수까지 만들어 주셨지만 모든 것을 잘 이해하도록 만들어 주시진 않았다. 그러니 지금의 나는 하나님의 개입이 아니고는 상상도 할 수 없는 인생이 아닌가.

"일을 행하시는 여호와, 그것을 만들며 성취하시는 여호와… 너는 내게 부르짖으라 내가 네게 응답하겠고 네가 알지 못하는 크고 은밀한 일을 네게 보이리라"(렘 33:2-3).

어머니의 대학 입학 선물

내가 건국대학교 미생물공학과에 입학했을 때 누구보다 부모님이 기뻐했다. 대학에 진학한 나를 불러낸 어머니는 입학 선물이라며 하얀 봉투를 건넸다. 금일봉인가 기대에 차서 봉투를 열어 본 순간 실망이 정말 컸다. 봉투에는 어머니가 친필로 적은 "여호와의 눈은 온 땅을 두루 감찰하사 전심으로 자기에게 향하는 자들을 위하여 능력을 베푸시나니"대하 16:9라는 말씀이 들어 있었던 것이다. 어머니는 실망한 기색이 역력한 내게 이렇게 말했다.

"아들아, 너에게 좋은 머리를 주지 못해 정말 미안하다. 이렇게 말해서 미안하지만 너의 머리로는 도저히 아무것도 할 수 없으니, 지금부터 주님이 네 안에 들어오게 하셔서 주님이 능력을 베푸시도록 해라. 주님을 네 인생에 적극적으로 끌어들여라."

　　나 자신을 의지하지 말고 주님을 전적으로 의지하라는 말씀이었다. 하지만 당시는 내 머리로 아무것도 할 수 없다는 어머니의 말씀에 자존심이 상해서 기분이 좋을 리 없었다. 그러나 이 말씀은 이후 내 인생을 끌고 가는 귀한 말씀이 되었다. '네가 하려고 하지 말고 하나님을 초청하여 주님이 하시도록 해라. 하나님이 네 안에 들어와서 일하시도록 해라. 네가 이루려고 하지 말고, 너는 노력만 하고 이루시는 것은 주님이 하시게 하라'는 말씀이었다.

　　"내가 사망의 음침한 골짜기로 다닐지라도 해를 두려워하지 않을 것은 주께서 나와 함께하심이라 주의 지팡이와 막대기가 나를 안위하시나이다"^{시 23:4}라고 고백한 다윗처럼 인생길을 혼자 걷지 않고 주님과 동행하면 주님이 내 인생을 만들어 가신다. 하나님은 좀 똑똑하다고 자기 머리를 의지하고, 돈 좀 있다고 돈에 의지하는 사람들보다는, 나 혼자서는 한 걸음도 갈 수 없다며 주님께 모든 걸 맡기는 100퍼센트 믿음을 보이는 사람을 기뻐하신다.

　　영어성경은 역대하 16장 9절을 "Is your heart completely His?"로 표현하고 있다. 즉 "너의 심장이 온전히 주님의 심장인가?"라고 묻고 있다. 심장이 온전히 주님의 것인 사람이어야 한다. 주님만 바라보며 인생을 살아야 한다. 하나님이 보시기에 흡족한 자녀가 되어야 한다. 주님을 내 인생에 개입시키고 주님이 내 속에서 능력을 발휘하게 하려면 나의 심장과 주님의 심장이 온전히 하나가 되어야 한다.

이 말씀을 실천하는 것은 내게 매우 큰 도전이었지만, 주님의 개입과 도움 없이는 내가 아무것도 할 수 없다는 것은 분명한 사실이었다. 그러니 역대하 16장 9절 말씀은 내겐 유일한 희망이요 미래였다. 어머니가 이제 막 성인이 된 내게 주신 이 말씀은 지금까지 내 인생을 끌고 가는 마차다.

하나님이 쓰시는 사람

역대하 16장 9절 말씀이 내 인생에서 기적을 만드는 능력의 말씀이
라는 건 알겠는데 한 가지 의문이 생겼다. '과연 어떻게 하나님을 내 인생에
개입시켜 그분의 능력이 내 속에서 나타나게 할 것인가?' 이 질문을 붙들고
오래 숙고한 끝에 나는 너무나 쉽고 당연한 답을 얻게 되었다. 하나님이 내
인생을 끌고 가시게 하기 위해서는 주님의 마음에 쏙 드는 마음과 행동을
보여 수면 되겠구나 싱끄친 것이다. 그럼 내가 어떻게 해야 주님이 좋아하실
까? 오직 하나, 주님의 도움 없이는 한 걸음도 나아갈 수 없다는 나의 믿음
을 보이면 주님이 좋아하시겠구나, 그리고 주님이 좋아하실 만한 행동을 하

면 되겠구나 했다.

나는 일단 매일 새벽기도회에 참석하여 주님께 도와달라고 간절히 구했다. 기도하고 말씀 듣고 주님을 찬양하며 하루를 시작한 것이다. 그리고 밤에 집에 가기 전에도 교회에 들러 기도하며 주님을 불렀다. 성령의 통치를 받기 위해 간절히 매달렸다.

평일에는 학생으로서 최선을 다해 공부했다. 목사님의 설교 중 잠언 12장 24절 말씀이 가슴에 와 닿은 까닭이다. "부지런한 자의 손은 사람을 다스리게 되어도 게으른 자는 부림을 받느니라." 영어성경은 이렇게 말하고 있다.

Work Hard and Become a Leader;

Be Lazy and Become a Slave

"열심히 노력하면 리더가 될 것이고, 게으르면 노예가 될 것이다"는 뜻이다. 바울 사도는 데살로니가후서 3장 10절에서 "누구든지 일하기 싫어하거든 먹지도 말게 하라"고 했다. 나는 이 말씀을 발견하고 하나님은 최선의 노력을 하는 성실한 사람들을 사용하신다는 걸 깨달았다. 노력하지 않는 게으른 자들은 주님의 도구가 되지 못한다는 걸 깨달았다. 나는 비록 남들보다 이해력이 떨어지는 두뇌를 가졌지만, 최선을 다하는 모습을 보이면 주님께서 내 안에서 일하실 거라고 믿었다. 그래서 학생으로서 할 수 있는 성실을 주님께 보이려고 노력했다. 일단 책상에 앉으면 8시간은 일어나지 않고 공부할 수 있는 습관이 이때 생겼다.

한편, 토요일과 주일에는 온전히 교회에서 봉사했다. 주일학교 교사로, 학생회 교사로 열심히 섬겼다. 내가 다니던 교회는 금호동의 개척 교회나 다름없는 곳이었다. 당시 금호동과 옥수동은 서울에서 가장 가난한 사람들이 살던 유명한 달동네였다. 고등학교를 졸업하고 대학에 들어가니 내가 첫 번째 대학생이었고 전도사도 없었다. 일꾼이 부족하다 보니 담임목사님은 이제 고등학교를 갓 졸업한 내게 학생회 지도교사를 시켰다. 나는 그뿐 아니라 성가대의 베이스로도 활동했고 주일학교 교사로도 섬겼다.

단지 대학생이란 이유로 지도교사가 되었지만 성경 지식이 미천했으니 주일에 교사가 아니라 설교자로 교단에 서는 일이 너무나 부담스러웠다. 이미 직책을 맡았으니 최선을 다하자 싶어 당시 우리나라에서 가장 큰 책방인 종로서적에 가서 목사님 설교집을 사서 설교 원고를 고르고 공부하고 여러 번 읽으며 이해하고 연습해서 주일 설교를 했다. 은혜가 없으니 소리라도 커야 한다고 생각해서 웅변하듯이 소리 지르며 설교를 했다. 그런데도 주일마다 참고 들어 준 학생들이 고마울 따름이다. 기도도 못해서 어머니에게 기도문을 써 달라고 부탁했다.

내가 가르친 아이들은 대개 형편이 어려웠다. 단칸방 하나에 여러 식구가 살아가는 집이 많았다. 엄마는 집을 나가고 술을 껴안고 살아가는 아버지한테 매를 맞으며 근근이 버티는 아이들도 있었다. 견디다 못해 가출하는 아이가 있으면 찾으러 다니기도 했다. 나는 너무 가난하고 안타까운 형편에 있는 아이들을 부둥켜안고 참 많이도 울고 기도했다. 끼니를 거르기 일쑤인 아이들은 집에 데려와 김치 반찬이라도 같이 먹곤 했다.

하루는 아버지가 못 나가게 해서 교회에 나오지 못하는 학생이 있어서 집에 찾아가 아버지에게 큰절을 하고 여름수련회만큼은 참석하게 해달라고 사정했다. 그 아이가 여름수련회에서 하나님의 사랑을 체험했으면 하는 간절한 마음으로 그렇게 한 것이다. 다행히 아버지의 허락을 받아 낼 수 있었다.

나는 희망이 없는 아이들을 다시 일으킬 수 있는 것은 믿음밖에 없고 그들에게 올바른 인생을 살게 해 줄 수 있는 것은 주님의 말씀밖에 없다고 생각해서 열심히 말씀을 가르쳤다. 주님의 자녀들을 사랑하고 말씀과 기도로 양육하는 나의 모습을 하나님께서 좋아하셨던 것 같다.

나는 많은 영혼을 주님께 인도하면 주님이 정말 좋아하실 거라고 생각해서 전도에도 열심이었다. 심방하고 최선을 다해 가르치고 전도해서 18명이던 중고등부 학생회가 85명으로 늘어나는 부흥도 경험했다.

학생회가 부흥하자 담임목사님이 이번에는 내게 주일학교 부장으로 섬겨 보라고 했다. 학생회 지도교사를 하면서 동시에 주일학교 교사를 하고 있었기 때문에 주일학교 부장으로 섬기는 것은 자연스럽게 할 수 있었다. 주님은 이번에도 100여 명으로 시작한 유년 주일학교를 300여 명으로 늘어나는 부흥의 은혜를 허락해 주셨다.

지금도 잊을 수 없는 기억이 있다. 유학을 가기 직전에 주일학교 여름성경학교 동안 외부 전도사님을 초청해 어린이 부흥회를 연 것이다. 이때 성령이 아이들에게 얼마나 강하게 역사했는지 그 어린 아이들이 눈물을 흘리고 소리를 지르며 기도하던 모습이 지금도 기억에 생생하다.

당시 교회 친구들과 성도들은 내가 하도 열심히 교회를 섬기니까 내가 신학교에 가서 목사가 될 거라고 생각했다고 훗날 말해 주었다.

한 사람 한 사람 전도하고 양육해서 하나님을 모르고 살던 학생들로 하여금 주님을 영접하게 하고, 학생들의 아픔을 함께 나누고 위로하며 하나님 나라를 조금씩 확장해 가는 당시 나의 모습을 하나님께서 기뻐하셨을 것 같다. 그렇게 최선을 다하면서도 주님 없이는 한 걸음도 못 갈 듯이 기도로 매달렸다. 내 속에서 주님이 능력을 행사하시게 하기 위한 몸부림이었다.

나는 하나님께서 형광등이라 놀림 받는 나를 기뻐하셔서 유학도 보내 주시고 교수도 만들어 주시리라 믿으며 다음과 같이 기도했다.

"주님! 주님은 끝까지 참고 견디는 사람을 복되다고 말씀하셨죠. 저는 욥의 인내를 알고 있습니다. 욥이 어떻게 고난을 참고 견뎠으며, 결국 그가 주님께 어떠한 복을 받았는지 알고 있습니다^{약 5:11}. 한없는 자비와 동정심을 가지신 주님, 저에게도 욥과 같은 인내의 축복을 주옵소서. 아브라함은 인내하며 오랜 기다림 끝에, 마침내 주님이 약속한 복을 받고 누렸습니다^{히 6:14-15}. 다윗은 하나님으로부터 이스라엘의 왕으로 피택되어 사무엘 선지자에 의해 기름 부음 받았지만, 15년이란 오랜 인내와 시련을 믿음으로 견뎌 낸 후 유다의 왕이 되었습니다^{삼하 2:1-17}. 주님은 다윗에게, 악한 자들이 잘 되는 것을 보더라도 조금도 초조해 하지 말고, 악한 계획이 잘 풀려 나간다고 신히 불평하기 말라고 당부하시면서, '하나님 앞에 잠잠하고 기다리라'고 말씀하셨죠^{시 37:7}. 주님, 주님께서 저를 위하여 예비하신 밝은 미래가 임할 것을 믿으며, 주 앞에서 마음을 고요히 하고, 묵묵히 참고 주님을 기다리게 하소서."

나의 청소년기와 청년기는 우리나라에 성령이 강하게 역사하시던 시기였다. 1973년 여름, 빌리 그레이엄 목사 초청 전도 집회가 여의도 광장에서 열렸을 때 백만 명 이상이 운집했다. 빌리 그레이엄 목사님이 설교하고 김장환 목사님이 통역한 이 집회에서 수많은 사람들이 예수님을 영접하는 놀라운 역사가 일어났다. 부모님과 함께 참석한 나를 비롯해 수많은 사람들이 여의도 광장의 그 뜨거운 아스팔트에 앉아 금식과 기도로 하나님을 사모했다. 그러던 중 맑은 대낮에 선명한 무지개가 여의도 하늘을 아름답게 물들였다. 하나님께서 우리와 함께하시며 우리 삶에서 역사하신다는 증표였다. 당시 그 무지개를 보고 사람들이 일제히 함성을 지르며 주님께 영광을 돌렸다. 그때의 그 감동은 지금도 잊을 수 없다.

한편, 당시는 김준곤 목사님이 이끌던 대학생선교회 CCC가 캠퍼스 선교의 대부흥을 일으키기도 했다. 나는 정동에 위치한 CCC 본부를 다니며 열심히 성경을 배우고 전도를 하며 신앙을 키워 갔다. 여름마다 CCC 주최의 선교 캠프가 열리면 눈물로 기도하며 넘치는 은혜에 휩싸였다.

지금 돌아보면 유학길에 오르기 직전인 1983년까지가 내 인생에서 주님과 가장 가까운 시간을 보내던 때인 것 같다. 지금도 그때를 생각하면 큰 은혜가 된다!

"거룩한 믿음 위에 자기를 세우며 성령으로 기도하며"(유 1:20).

◇◇ 몸무게 20킬로그램이 늘어난 사연

나는 원래 대학을 졸업하고 석사과정은 카이스트에서 공부하려 했다. 대학은 간신히 들어갔지만 졸업할 때는 유학이라는 뚜렷한 목표 때문이었는지 우수한 성적으로 졸업할 수 있었다. 그래서 이왕이면 학비도 면제되고 생활비도 주고 유학에도 유리한 카이스트를 가려 한 것이다. 그런데 카이스트는 모든 지원자들에게 다른 대학에선 요구하지 않는 건강진단서를 제출하라고 했다. 워낙 강도 높은 교육을 하다 보니 체력이 없으면 버티기 힘들겠다는 판단에서 그런 모양이었다.

건강진단서를 내기 위해 병원에 가서 검사를 했는데 놀랍게도 결핵이 발견됐다. 의사는 최소한 1년 동안은 학업을 중단하고 쉬어야 한다고 했다. 나는 몸무게가 53킬로그램으로 마르긴 했지만 특별히 피곤하거나 아프거나 한 적도 없는데 대학원 진학까지 포기해야 할 만큼 심각하다니 청천벽력이 따로 없었다. 대학 공부에 주말에는 교회에서 살다시피 하면서 그동안 무리를 했던 모양이다.

나는 결핵 치료를 하지 않으면 더 이상 학업을 계속 할 수 없다는 의사의 권면을 받아들이고 모든 것을 중단하고 1년간 치료에 집중하기로 했다. 그러나 나는 그때 주님이 하시는 일을 이해할 수 없었다.

지난 4년간 혼신을 다해 공부하고 사역했건만, 그토록 주님을 기쁘게 하기 위해 마음과 정성을 쏟았건만, 왜 내게 이런 병을 주셔서 학업까지 중단시키시는지, 나는 하나님을 이해할 수 없었다. 원망이 되었다. 내가 주님을 사랑하는 것보다 주님은 나를 더 사랑하시는 분이 아니던가. 사람의 눈으로는 결핵균을 볼 수 없지만 하나님에게는 결핵균 정도쯤이야 아무것도 아니지 않은가. 설사 결핵균이 내 몸을 침범했더라도 심각해지기 전에 발견하게 해서 적어도 학업을 중단하지 않도록 이끄실 수 있지 않은가.

서운하고 원망스러웠지만 내게 닥친 현실을 받아들여야 했다. 지금 생각해 보면 그때 주님이 오히려 내게 서운하셨을 것 같다. 광풍을 만나 배가 위험에 빠지자 제자들이 모두 죽게 되었다고 곤하게 주무시던 예수님을 깨웠을 때, 예수님은 제자들에게 "너희 믿음이 어디 있느냐"눅 8:25고 나무라셨다. 마찬가지로 주님은 당시 내게도 "명환아, 너의 믿음이 어디 있느냐?"고 물으셨을 것 같다.

당시 나는 믿음 생활을 하면 환난이나 고난이 없는 줄 알았다. 하나님께서 믿는 우리에게 광풍과 시련을 허락하셔서 믿음을 성장시키신다는 것을 몰랐다. "우리가 그와 함께 영광을 받기 위하여 고난도 함께 받아야 할 것이니라"롬 8:17는 말씀을 몰랐다. 단지 신앙생활을 잘하면 주님의 도움으로 늘 평탄한 길을 걷게 될 거라고 믿었다.

어쨌든 나는 대학원 진학을 포기하고 건강을 회복하는 데 집중했다. 고등학교 동창인 친구네 집이 운영하는 안성의 한 농장에서 1년간 지내며 건강을 돌보았다. 좋은 공기와 농장 할머니가 해 주시는 식사, 부모님이 챙겨 주신 건강식을 먹으며 유유자적 지냈다. 친구도 당시 법대를 졸업하고 사법고시 공부를 하느라 농장에 내려와 있었다.

농장에서 지낸 1년은 나의 신앙과 인내를 테스트하고 굳건히 다지는 시간이었다. 결핵이 언제 나을지도 모르고 더구나 회복된다는 보장도 없이 갑자기 시계가 멈춰 버린 듯한 그 시간은 내겐 도전이었고 시험에 빠진 시간이었다. 그동안 꿈을 위해 달려온 내 인생이 이대로 끝나는 것인가 하는 공포가 엄습했다.

그러나 다행히 지난 4년간 다져 온 믿음은 쉽게 흔들리지 않았다. 처음엔 당황스럽고 원망스러웠으나 시간이 지날수록 비록 내가 원하는 상황은 아니지만 여기에도 주님의 또 다른 뜻이 있을 것이라는 믿음이 생기기 시작했다. 인간적인 생각으론 휴양하는 이 시간이 버리는 시간이요 잃어버리는 시간이겠지만, 만일 이것이 하나님이 허락하신 시간이라면 거기에 반드시 주님의 뜻이 있을 것이다. "너희 아버지께서 허락하지 아니하시면 그 하나도 땅에 떨어지지 아니하리라"마 10:29는 말씀을 믿고 주님의 뜻하신 바가 이뤄질 때까지 인내로 기다리기로 했다.

한편, "그리스도를 위하여 너희에게 은혜를 주신 것은 다만 그를 믿을 뿐 아니라 또한 그를 위하여 고난도 받게 하려 하심이라"빌 1:29는 말씀이 그제야 눈에 들어왔다. 그리스도인에게 은혜와 고난이 공존한다는 사실을 깨닫게 된 것이다. 또 "네가 먹을 것은 밭의 채소"이지만 "땅이 네게 가시덤불과 엉겅퀴를 낼 것이라"고 한 말씀도 이해하게 됐다창 3:18. 소망을 이루는 과정에서 원하지 않는 가시덤불도 수용하는 것이 믿음임을 알게 되었다.

"내 형제들아 너희가 여러 가지 시험을 당하거든 온전히 기쁘게 여기라"약 1:2는 말씀을 읽은 뒤론 도전과도 같은 이 시간을 기뻐하기로 했다. 사도 바울은 견디기 힘든 육체의 가시로 인하여 자신이 사형선고를 받은 줄 알았으나^{고후 1:9}, "내가 약한 그때에 강함이라"^{고후 12:10}며 그리스도를 위하여 약한 것과 능욕과 궁핍과 핍박과 곤란을 기뻐한다고 했다. 바울은 하나님께서 더 큰 영광을 위해 자신의 건강보다 약함을 기뻐할 수 있도록 가시를 남겨 두셨다고 믿었다. 바울의 이 같은 고백은 더 큰 영광을 위해 나의 약함인 결핵을 기뻐하라고 도전했다. 하나님은 나의 유익을 위해 그리고 나를 양육하기 위해 병을 허락하시고 아프게 하셨다. 나는 결핵을 통해 나를 찾아오신 하나님께 감사할 수 있었다!

그렇게 말씀이 하나하나 깨달아지기 시작하자 내 마음에 평온이 깃들기 시작했다.

안성 농장은 기도하고 찬송하기 참 좋은 장소였다. 농장을 산책하다가 앞에 있는 동산에 올라가 소리 높여 기도하고 찬송할 수 있었다. 이때 내가 소리 높여 즐겨 부른 찬송이 '주 하나님 지으신 모든 세계'였다. 주변이 동산이고 나무와 초원이 보이고 저 멀리 작은 마을이 보이는 평온한 곳에서 나는 찬송가 '주 예수보다 더 귀한 것은 없네'도 즐겨 불렀다.

주 예수보다 더 귀한 것은 없네

이 세상 부귀와 바꿀 수 없네

이 세상 명예와 바꿀 수 없네

이 세상 행복과 바꿀 수 없네

유혹과 핍박이 몰려 와도 주 섬기는 내 맘 변치 않아

내가 동산에 올라 하늘을 향해 소리 높여 이 찬송을 부른 이유가 있었다. 비록 결핵으로 모든 것을 중단하고 기약 없이 농장에서 지내고 있지만, 그래도 내게는 주 예수보다 더 귀한 것은 없고, 어떤 상황이어도 주님을 섬기는 내 맘은 변하지 않는다는 주님을 향한 나의 신앙고백이었다. 주님이 혹시 못 들을까 봐 목청을 올릴 수 있는 데까지 최고조로 올려서 불렀다.

한번은 방에서 공부하고 있는데 중년 남성이 찾아왔다. 동네 교회 목사님이라면서 아침마다 동산에서 들려오는 찬송 소리가 너무 좋아서 수소문 끝에 농장에 서울에서 내려온 젊은이가 머물고 있다는 것을 확인하고 혹시나 해서 여기까지 오게 되었다고 했다. 내 사정을 들은 목사님은 나의 건강 회복과 나의 꿈을 위해 간절히 안수기도를 해 주었다.

요양을 하는 동안 나의 체중은 하루가 다르게 늘어 갔다. 엉덩이가 커지고 허벅지가 굵어지면서 입고 있던 옷이 작아서 더 이상 입을 수 없을 정도가 되자, 이러다 비만이 되지 않을까 거꾸로 걱정하게 되었다. 다행히 1년 만에 20킬로그램이 늘어서 73킬로그램이 되더니 더 이상 살이 오르지 않았다. 신기한 것은 그때 찌운 73킬로그램이 지금도 유지되고 있다는 사실이다.

나는 1년간 착실히 몸을 회복해 다음 해 건국대학교에서 석사과정을 공부할 수 있었다.

나는 그때 늘어난 20킬로그램이 주님이 주신 체중이라 믿는다. 내 늘이긴 살덩이가 주님이 나를 위해 특별히 준비해 주신 선물이라고 믿는 이유가 있다. 미국 유학 생활에서 필요한 것이 바로 체력이었다. 특히 나는 머리가 나쁘고 이해력이 떨어져서 남들이 1시간이면 이해하는 것을 3시간 이상

책상에 앉아 있어야 이해했기에 유학 생활 중 하루 4시간 이상을 자 본 적이 없다. 살이 찌기 전인 53킬로그램으로는 도무지 감당하기 힘든 것이었다.

교수가 된 후에도 체력이 요구되었다. 학생들을 가르치는 한편 왕성하게 연구 활동을 하려면 체력이 반드시 필요했다. 노벨상 수상자 블럼버그 박사의 초청으로 스탠퍼드대학과 실리콘밸리에서 연구 활동을 할 수 있었던 것도, 바이오벤처 회사 셀트리온 창업 과정에 참여해 상상 이상의 성과를 낼 수 있었던 것도 이때 비축한 체력 덕분이었다. 뿐만 아니라 하버드 케네디스쿨에서 만학할 수 있었던 것도, 아시아·태평양 에이즈학회장으로서 전 세계를 돌아다닐 수 있었던 것도 당시는 이해할 수 없던 결핵의 약함을 견딘 덕분이었다.

이제야 하나님이 왜 결핵균이 내 몸 속에 들어오는 것을 허락하셨는지, 왜 1년이라는 요양 기간을 통해 내 몸을 살찌워 주셨는지 주님의 그 깊고 오묘한 계획을 이해하게 되었다. 이제 에드나 어머니가 왜 45년간 변함없이 'God loves you, Trust His Love'라는 메시지를 주셨는지 그 이유를 알 것 같다. 이제야 사도 바울이 데살로니가 교인들에게 "범사에 감사하라 이것이 그리스도 예수 안에서 너희를 향하신 하나님의 뜻이니라"^{살전 5:18}고 말했는지 알 것 같다.

하박국 선지자는 무화과나무가 무성하지 않아도, 포도나무의 열매가 없어도 감사하겠다고 했다. 그리고 감람나무의 소출이 없고, 밭에 먹을 것이 없고, 우리에 양이 없고, 외양간에 소가 없을지라도 감사하겠다고 했다. 그렇더라도 나는 여호와로 말미암아 즐거워하며 나의 구원의 하나님으로 말미암아 기뻐한다고 했다^{합 3:17-18}. 결핵에 걸려도 감사! 모든 것을 중단하고 요양해야 할 상황이 되어도 감사! 좋은 일이든, 나쁜 일이든, 이해할 수 있든 없든 그저 범사에 주님께 감사! 감사에는 하나님의 능력과 비밀이 있었다.

하나님은 나를 절대 포기하지 않으시는 분이다.
"내가 어찌 너를 놓겠느냐, 내가 어찌 너를 버리겠느냐"

(호 11:8)

Part 2

만남

하나님은

사람을 통해 일하신다

들어주시고 이루어 주시는 하나님

1983년 드디어 기적이 일어났다. 한 번도 공부를 잘해 본 적이 없던 내가 미국 유학을 가게 된 것이다. 오하이오주립대학 대학원 미생물학과에서 합격을 알리는 편지를 받은 순간, 대학 입학 후 지난 7년간의 시간이 주마등처럼 지나갔다. 공부할 능력도 안 되는 나를 '할 수 있다'며 다독거리고 전력을 다해 공부하며 나 자신과 힘겹게 씨름하던 시간이었다. 하나님께 도 와달라고 부르짖던 시간이었다.

"주님밖에 도와줄 이 없사오니 저를 도우소서, 제가 주를 의지하고 의탁하오니 이기게 하옵소서. 주는 나의 하나님이십니다^{대하 14:11}. 저를 향한 주님의 생각은 재앙이 아니라 저의 장래에 소망을 주시려는 생각이라^{렘 29:11}는 것을 알고 있습니다. 지난 7년간 부지런하고 게으르지 않았으며 열심을 품고 주를 섬겼습니다^{롬 12:11}. 이렇게 소망을 이루어 주시고 유학을 가게 해 주시니 정말 감사드립니다."

나 자신이 대견했고, 함께해 주신 하나님께 너무 감사했다. 이 기쁜 소식을 누구보다도 나를 위해 기도해 주신 부모님께 제일 먼저 알리고 싶었다. 합격증을 들고 부모님이 계시는 방문을 활짝 열며 드디어 미국에 유학을 가게 되었다고 말씀드렸다. 그런데 웬일인가? "할렐루야! 하나님 감사합니다!" 하며 소리 높여 기뻐하고 감사하는 모습을 상상했는데, 부모님은 소식을 듣는 순간 덤덤한 표정으로 머리를 푹 숙이는 것이었다.

이 순간을 위해 수많은 날들을 함께 기도해 왔건만, 부모님의 표정은 기뻐하는 모습이 아니었다. 머리를 떨군 후 다시 고개를 든 부모님의 눈에는 눈물이 고여 있었다. 나는 너무 놀라며 왜 그러시냐고 물었다. 부모님은 나의 얼굴을 한참 쳐다보더니 힘겹게 입을 열었다. 유학을 보낼 수 있는 재정적 여력이 없다는 것이었다. 부모님은 그동안 아들을 유학 보내기 위해 기도했지만 아직 재정에 대한 응답을 받지 못했다며 미안해서 어쩔 줄 몰라 했다. 부모님은 합격증을 받기까지 수고한 아들에게 도움이 되지 못해 안타까워 했다.

나도 너무 미안했다. 사실 이왕이면 장학금을 받고 유학을 가면 더 좋았을 것이다. 하지만 나는 미국 대학원에서 지원자에게 요구하는 최저의 토플 점수와 GRE 성적을 받았다. 이러한 이유로 장학금은커녕 입학 허가서를 받은 것만도 나에게는 기쁨이었다. 합격 자체가 대단한 성과였고 여기까지 오는 데 많은 노력이 수반된 힘겨운 과정이었다. 나는 그동안 부모님이 별 말씀을 안 해서 재정에 관해서는 큰 걱정을 하지 않았다. 그러나 부모님은 유학을 보낼 비용까지 걱정하며 단지 믿음으로 기도하고 있었던 것이다.

내 손에는 합격증이 쥐어 있었지만 우리 모두 침통한 표정이었고 정적이 흘렀다. 이때 아버지는 무언가 확신에 찬 모습으로 일단 유학은 예정대로 진행하고 아직 학기 시작까지 4개월 정도 남았으니 더 기도하자고 했다.

"바라는 소망을 들어 주시고, 생각하는 계획을 모두 이루어 주시는 시 20:4 주님, 들어 주시고 이루어 주소서. 어떤 사람은 자신의 전차에 또 어떤 사람은 자신의 군마에 의지하지만, 우리는 오직 하나님의 이름만을 굳게 믿을 것입니다시 20:7. 우리는 가난해서 남들처럼 의지할 재물은 없지만 주 하나님만을 의지하면 꿋꿋하게 서 있게 될 것이라는시 20:8 말씀을 믿습니다."

이처럼 우리 가족이 주님께 믿음으로 기도한 지 두 달이 되었다. 드디어 응답이 왔다. 하나님이 부모님께 확신을 주셨는지 일단 나에게 미국으로 떠나라고 했다. 1년간 지낼 비용을 어떻게 해서라도 마련하여 보내겠다고 했다.

이렇게 나는 우여곡절 끝에 미국 유학을 가게 되었다. 그 당시 한국 언론에서는 유전공학에 관한 보도가 하루가 멀다 하고 나오고 있었다. 생명공학 중에서도 유전공학이 가장 인기였다. 그래서 당시 유학길에 오른 대부분의 생명공학 관련 학생들은 유전공학 전공자였다. 내가 입학할 때만 해도 지원자가 없어 미달되기도 하던 미생물공학과는 그즈음 공과대학에서 가장 경쟁률이 높은 학과가 되었다.

　내가 다니던 작은 교회에서도 무척 기뻐했다. 내가 교회에서 최초의 대학생이 되더니 최초로 미국 유학까지 가게 되었으니 목사님을 비롯한 성도들이 매우 기뻐해 주었다. 심지어 수요예배를 나의 미국 유학 환송 예배로 드려 주었다. 출국을 위해 공항에 갈 때도 목사님을 비롯한 많은 성도들이 동행해서 공항 한가운데 빙 둘러서서 찬송과 기도로 나의 유학길을 축복해 주었다. 지금은 누구든지 외국 여행을 떠나서 특별한 일이 아니지만 당시만 해도 나라 밖을 나가는 일은 매우 드문 일이었다. 더구나 유학을 위해 미국으로 가는 일은 온 동네가 떠들썩해질 만큼 특별한 일이었다.

　나와 아내는 이처럼 극진한 환송을 받으며 미국행 비행기에 몸을 실었다. 1년 전에 버클리대학 여름 연수 차 캘리포니아에 간 적이 있는데, 그 반대편에 있는 오하이오는 캘리포니아와 분위기가 사뭇 달랐다. 캘리포니아가 진보적이라면 오하이오는 전통적으로 상당히 보수적인 곳이었다. 비행기로 한 시간이면 서울에서 제주까지 갈 수 있는 나라에서 살던 내게, 동부에서 서부로 가는 데 다섯 시간이나 걸리는 미국은 참 큰 나라였다. 캘리포니아는 사막 기후라 나무가 많지 않은 데 반해 동부는 달력에서 보던 바와 같이 미국의 전형적인 모습을 하고 있었다.

　오하이오 주 콜럼버스에 도착한 첫날 배고픈 우리를 위해 아내의 친척 오빠 부부가 끓여 준 일본 이찌방 라면의 맛은 지금도 잊을 수가 없다. 아내의 친척 오빠는 오하이오주립대학에서 기계공학을 공부하고 있었다. 처음 맛본 일본 라면은 정말 구수하고 맛있었다.

미국 사람들은 참 친절했다. 그들은 낯선 사람한테도 마치 오랫동안 알고 지낸 사람처럼 반갑게 인사했다. 학교 교정에서 자주 만나는 여학생이 나를 볼 때마다 환한 미소로 웃으며 인사해서 처음에는 나를 좋아하는 줄 알았다. 나중에 같은 학과 선배에게 아무래도 저 여학생이 나를 좋아하는 것 같다고, 하지만 나는 유부남인데 어떻게 말해 줘야 할지 모르겠다고 고민을 털어놨더니, 그가 박장대소를 하며 미국 사람들은 처음 보는 사람한테도 어색한 느낌을 갖지 않기 위해 인사를 한다고 말해 줬다. 한국에선 낯선 사람이 인사하면, 그것도 환하게 웃으며 인사하면 매우 이상한 사람으로 오해하는데 여기선 흔한 풍경이니, 문화가 달라도 참 많이 달랐다. 미국은 내게 신기한 나라였다.

나와 아내는 학교 근처 리버뷰 드라이브Riverview Drive에 위치한 아파트를 구했다. 나무로 지은 하얀색 아파트였다. 어디를 가나 나무가 많다 보니 각양각색의 나뭇잎들이 단풍으로 물들 때는 마치 한 폭의 그림 같았다. 특히 아파트에서 학교 가는 길이 아름다웠는데, 올랜탄지 리버 로드Olentangy River Road를 따라 가다 다리를 건너면 미생물학과가 있는 건물이 나왔다. 비록 식탁조차 없어 종이박스 위에 밥을 차려 먹었지만, 아내와 나는 이 가난한 삶도 그동안 노력으로 맺은 결실이었으므로 감사했고 기뻐했다. 우리는 미국에서 시작하는 새로운 삶에 대해 주님께 감사드렸다.

하지만 수업을 듣기 위해 강의실에 앉아 있는 순간부터 나는 당황하기 시작했다. 일단 교수의 말을 알아들을 수가 없었다. 수업을 마치면 미국 학생들은 몇 페이지의 강의 노트가 완성되는데 나는 고작 교수가 칠판에 썼던 단어 몇 개가 고작이었다. 영어 실력도 부족했고, 전공 실력도 부족했다. 당시 한국의 대학에서 영어 원서로 수업하는 교수는 없었다. 석사학위만 있어도 교수가 되는 시대이기도 했다. 나는 미생물공학으로 미국 유학길에 오른 최초의 학생이었으므로 모든 준비를 혼자서 해야 했다. 물어볼 선배도 교수도 없었다.

더구나 내가 진학한 미국의 미생물학과는 순수 자연과학에 속했다. 주로 발효와 식품공학 중심으로 공부하던 한국의 환경과 전혀 달랐다. 영어도 달리는데 전공 지식도 턱없이 부족하니 첫 학기가 끝난 뒤 받은 점수는 그야말로 참담했다.

미국의 대학원은 평균 B학점 이상을 유지할 것을 요구한다. 그러나 나는 매일 네 시간 정도만 자며 공부했는데도 B학점을 받지 못했다. 어두운 긴장과 두려움이 엄습했다. 학교는 내게 한 학기의 기회를 더 주겠다며 그럼에도 누적 평점이 B가 안 되면 학교를 떠나야 한다고 학사경고probation를 보냈다.

새로운 각오로 두 번째 학기를 맞았다. 학교에서 쫓겨나느냐, 살아남느냐가 결정되는 중요한 순간이었다. 나는 강의를 녹음해서 집에서 다시 들으며 강의 내용을 파악하고자 했다. 하지만 강의 시간에 안 들리던 단어 몇 개 정도만 건졌을 뿐 강의 전체를 이해하는 데는 역부족이었다. 아무리 마음을 굳게 다잡아도 없는 실력이 갑자기 생길 수는 없는 노릇이었다. 첫 학기와 다를 것이 없었다.

도저히 혼자서는 따라갈 수 없겠기에 하루는 미국 학생에게 도움을

청했다. 강의 후 공책을 빌려 주면 안 되겠냐고 한 것이다. 그런데 그토록 친절하던 미국 사람이 돌변해서 영어도 못하면서 미국에 뭐 하러 왔냐며 "Go home"이라고 소리쳤다. 얼마나 자존심 상하고 비참하던지.

나는 그때 영어로 고생한 탓에 내가 가르치는 학생들이 언제든지 유학을 갔을 때 적응할 수 있도록 훈련시킨다. 그 훈련은 바로 영어로 수업하는 것이다. 또한 미국 학생들의 수준과 동일한 수준으로 시험 문제를 낸다. 덕분에 우리 학생들은 유학을 가서도 나처럼 영어 때문에 고생하는 일은 없다.

그러나 나의 현실은 다음 학기에도 평점이 B가 못 돼 학교에서 쫓겨나고 말았다. 오하이오주립대학에서의 공부는 이렇게 처참하게 끝이 났다.

◇◇ 절망 중에 스며든 사랑의 메시지

나는 앞이 캄캄했다. 쫓겨나기 전 수많은 학교에 입학 원서를 냈지만 어디서도 나를 받아 주지 않았다. 학습 능력이 부족해서 쫓겨난 나를 받아 줄 리 만무했던 것이다. 하지만 이대로 한국으로 돌아갈 수는 없었다. 부모님은 물론 처갓집 식구들에게도 면이 서지 않는 일이었다.

집에 그냥 있자니 비참해서 아침이면 일단 집을 나와 공원 벤치에 앉아 토플 공부를 하고 대학원 자격시험인 GRE 공부를 했다. 학생증이 없으니 도서관에도 들어갈 수 없었던 까닭이다. "사람이 해 아래에서 행하는 모든 수고와 마음에 애쓰는 것이 무슨 소득이 있으랴 일평생에 근심하며 수고하는 것이 슬픔뿐이라 그의 마음이 밤에도 쉬지 못하나니 이것도 헛되도다"전 2:22-23는 솔로몬의 고백처럼, 공원 벤치에 앉아 있자니 비참하고 서글프기 그지없었다. 나는 차라리 풀잎 위에 평화롭게 앉아 있는 이슬이고 싶었다.

절망에 빠진 내게 에드나 어머니는 어김없이 'God loves you, Trust His Love. I pray for you'라며 나를 격려했다. 하지만 이 격려도 이때는 힘이 되지 못했다. 애초에 학습 능력이 없는 나를 왜 공부하게 해서 감히 유학까지 넘보게 하셨을까, 그렇게 인도하셨으면 순조롭게 하실 일이지 이렇게 비참하게 쫓겨나게 하실 것은 무엇인가. 하나님이 원망스러웠다. 시편 기자의 고백처럼시 55:4-6, 내 마음이 내 속에서 심히 아팠고 죽음의 공포가 다가왔고, 두려움과 떨림이 나를 덮쳤다. 나는 새같이 날개가 있으면 날아가서 편히 쉬고 싶었다.

그런 와중에 1985년 1월 9일 나의 예쁜 딸이 리버사이드 메더디스트Riverside Methodist 병원에서 태어났다. 아내는 임신 기간 내내 너무 고생을 했다. 입덧이 심해서 제대로 먹지도 못했고, 공부하는 남편 탓에 제대로 돌봄을 받지도 못했다. 우리의 첫아이가 태어난 날은 눈이 많이 왔다. 미국은 아빠도 엄마의 출산 과정에 참여하게 해서 옷을 벗고 가운 하나만 입고 있었더니 감기에 걸렸다. 우리는 딸에게 '위에 계신 나의 하나님'이란 뜻의 '위나'를 이름으로 주었다.

나는 더 암담하고 비참했다. 자식까지 생겼는데 공원 벤치에서 울고 있는 가장이라니! 다행히 위나가 태어나자 우리 가정을 아무런 수입이 없는 극빈자로 분류하여 콜럼버스 시에서 아기를 키우는 데 필요한 우유와 기저귀, 푸드 스탬프를 보내 주었다. 받는 사람의 자존심을 배려해서 아침에 초인종이 울려 나가 보면 사람은 없고 문 앞에 아기 물건이 매일 배달되어 있었다. 나도 미국 에드나 어머니에게 태어나자마자 분유와 옷을 받았는데, 나의 딸 위나도 똑같이 받고 있다고 생각하니, 다행이다 싶으면서도 썩 기쁘지만은 않았다. 하지만 그까짓 자존심 따위를 따질 형편이 아니었다. 병원비도 이것저것 혜택을 받아 1500달러가량이 나왔는데, 그것조차 내지 못하겠다 하니 무이자로 형편대로 갚으라고 해서 5년간 매월 조금씩 갚아 나갔다.

어느새 공원에는 봄이 와서 나무들이 파릇한 잎사귀들을 내고 있었다. 그날도 어깨가 축 처져서 집에 돌아왔더니 오하이오주립대학의 도널드 딘 교수로부터 편지가 와 있었다. 다른 학교로 전학을 갔냐고 물어보는 편지였다. 딘 교수를 직접 만나서 어디서도 받아 주지 않는다고 솔직하게 말했더니 교수님은 자기가 추천서를 써 주겠다고 하셨다. 미국에서 대학에 가려면 무엇보다 추천서가 중요했다. 하나님이 또 한 번 내 인생에 하나님의 사자를 등장시켜 주신 순간이었다. 나중에 알게 된 사실이지만 딘 교수의 추천서는 내용이 이랬다.

"조명환 학생은 비록 성적이 안 좋아 오하이오주립대학에서 계속 학업을 할 수는 없었으나, 이 학생에게 다시 공부할 수 있는 기회를 귀 대학에서 주기를 희망한다. 조명환 학생은 후에 틀림없이 세상을 위해 큰 역할을 할 사람으로 성장하리라 믿어 의심치 않는다."

하지만 교수님의 추천서도 별 효력이 없었다. 나를 받아 주는 학교는 한 군데도 없었던 것이다. 딘 교수의 추천서를 받고 희망으로 들떴지만, 계속 지원하는 대학마다 거절 편지를 받자 다시 절망감에 휩싸이게 되었다. 나는 내 인생에 딘 교수가 등장한 것은 공원 벤치에서 울고 있는 나를 구원해 주시는 하나님의 손길인 줄 알았다. 그의 추천서는 하나님이 나에게 주는 선물인 줄 알았다. 하지만 미국 대학은 원칙을 중시하기 때문에 일단 영어 실력과 학습 능력이 떨어지는 것으로 검증된 나를 받아 주려 하지 않았다. 그래도 너무 이상하고 당황스러웠다. 그동안 주님이 일하시는 모습은 늘 상식을 뛰어넘으셨고 불가능을 가능하게 하셨기 때문이다.

눈앞에서 벌어지고 있는 이러한 상황 때문에 믿음이 흔들리고 있을 때 에드나 어머니는 늘 그랬듯이 'God loves you. Trust His Love. I pray for you'라는 메시지를 보내 주셨다. 나는 도널드 딘 교수의 등장과 그의 추천서는 주님의 특별한 계획 아래 진행된 것이라 믿기로 했다. 절망 중에도 한결같은 에드나 어머니의 메시지가 가슴에 스며들기 시작한 것이다. 늘 그러하셨듯이 이번에도 모자라는 형광등인 나를 사람을 통해 구해 주시길 공원 벤치에서 기도했다.

"오 주님, 나를 구원하시는 하나님이여, 내가 밤낮 주님 앞에서 부르짖습니다. 나의 애타는 이 기도가 주님 앞에 이르게 하여 주소서!^{시 88:1-2}. 피곤한 손과 연약한 무릎을 일으켜 세우소서!^{히 12:12}"

에이즈 전문가, 내 계획이 아니었다

우편함을 열어 지원한 학교에서 보낸 편지를 확인하는 것이 나의 중요한 일상이 되었다. 하지만 불합격을 알리는 수많은 편지가 온 뒤로 우편함은 잠잠해졌다. 한 달가량 지난 어느 날 공원 벤치에서 저녁에 아파트로 돌아오면서 나는 우편함을 열었다. 편지 한 통이 있었다. 애리조나대학에서 온 편지였다. 애리조나대학은 이미 나에게 불합격을 통보한 학교였다. 같은 대학에서 두 통의 편지가 온 것은 매우 이례적이었다. 그런데 그 편지 안에는 하나님이 보내 주신 기적이 담겨 있었다.

"귀하에게는 이미 본 대학 박사과정의 불합격 판정을 내렸습니다. 그러나 미생물·면역학과 찰스 스털링 교수가 귀하를 지도하겠다는 의지를 존중하여, 귀하에게 본 대학 미생물·면역학과 박사과정 입학이 허가되었음을 통보합니다. 그러나 귀하는 본 대학원에서 다른 교수를 지도교수로 선정할 수 없으며, 스털링 박사를 지도교수로 수학하고 싶을 경우 본 대학 박사과정에 입학할 수 있음을 통보합니다."

하나님께서 또 한 사람을 내 인생에 보내 주신 것이다. 애리조나대학의 찰스 스털링 교수는 도널드 딘 교수의 추천서에 감동을 받았던지 학습 능력이 떨어지는 나를 받아 줄 것을 심사위원장에게 요구했다. 다른 심사위원들이 깜짝 놀라며 잘 생각해 보라고 만류했지만 그는 나를 포기하지 않았다. 그렇게 해서 나는 애리조나대학 미생물·면역학과 박사과정에 입학하게 되었다. 더구나 스털링 교수의 배려로 나는 연구 조교로서 장학금을 받을 수 있었다.

이때도 주님은 "수고도 아니하고 길쌈도 아니하는 들풀도 보살핌을 받는데, 하물며 풀보다 소중한 너를 아버지께서 왜 소중하게 여기지 않았겠느냐"^{마 6:28}며, 나의 믿음 적음을 책망하셨다. 그리고 주님이 늘 나와 함께하신다^{요 16:32}는 사실을 잊지 말라고 깨우치셨다.

나는 현재 '아시아 최고의 에이즈 전문가'로 통한다. 하지만 나는 에이즈^{AIDS: 후천성면역결핍증}에 관심도 없었고 에이즈를 공부하기 위해 미국에 간 것도 아니었다. 하지만 모든 대학이 거부할 때 오직 한 사람 스털링 교수가 나를 받아 준 까닭에 나는 그를 따라 에이즈 전문가가 되었다. 내가 실력 있는 학생이었다면 대학도 내가 선택했을 것이고 지도교수도 내가 선택했을 것이다. 하지만 내겐 선택할 자격이 없었다. 스털링 교수에게 선택 받은 것 자체가 기적이었다. 그런데 스털링 교수가 에이즈 연구가였다. 하나님은 이렇듯 나로 하여금 에이즈 공부를 하도록 이끄셨다.

에이즈는 1981년 미국 LA에서 처음 보고되었고, 그로부터 2년 뒤인 1983년 에이즈를 유발하는 인체면역결핍바이러스 소위 에이즈바이러스^{HIV}가 프랑스 과학자에 의해 발견되었다. 내가 애리조나대학에서 에이즈 공부를 시작한 게 1985년이니까 에이즈바이러스가 규명된 지 불과 2년밖에 안 된 때다. 당연히 에이즈 연구에 관심을 가진 사람이 별로 없을 때 하나님은 내게 에이즈 공부를 시키셨다. 건국대 김명진 교수를 통해 문과생이던 나를 생명공학을 공부하게 한 것과 같은 상황이었던 것이다.

나를 교수로 만들어 가시는 하나님의 놀라운 섭리가 여기에 있었다. 만일 학습 능력이 떨어지는 내가 남들이 다하는 공부에 뛰어들었다면 교수가 되기 힘들었을 것이다. 남들이 거들떠보지 않는 분야를 공부하게 하셔서 그 분야의 전문가로 만드신 하나님의 솜씨는 정말 기가 막히게 놀랍다.

왜 에이즈를 공부해야 하는지, 에이즈를 공부하면 나중에 나에게 뭐가 좋은지, 아무런 동기도 계획도 의지도 열정도 없이 나는 에이즈를 공부하게 되었다. 지금까지 내 인생의 진로는 나의 선택에 의해 진행된 것이 하나도 없다. 대학 전공도, 교수라는 꿈도, 유학 중에 에이즈 공부를 하게 된 것도 모두 하나님의 섭리였다. 당시로서는 주님의 깊은 뜻과 계획을 알 수 없었지만, "사모하는 영혼에게 만족을 주시며 주린 영혼에게 좋은 것으로" 시 107:9 채우시는 하나님인 줄 믿기에 주님이 결정하면 나는 그대로 따르는 삶을 살았다.

　　그런데 지나고 보니 신기한 것은 부모님이 약속하신 1년간은 재정 지원이 이루어졌으나 지원이 없던 둘째 해에는 학교에서 제적되어 공원에서 지냈다. 셋째 해부터는 애리조나대학에서 장학금으로 공부하게 되었다. 마치 이스라엘 자손이 여호와의 명령을 따라 행진하였고, 여호와의 명령을 따라 진을 쳤으며, 여호와의 명령을 지켜 행진하지 아니하였듯이[민 9:18-19], 나도 한국에서 오하이오로 행진했다가 1년간 멈추었고, 다시 애리조나로 가게 되었다.

　　이렇게 유전공학을 공부하기 위해 오하이오주립대학에 갔던 나는 애리조나 사막 도시 투손[Tucson]에 위치한 애리조나대학 대학원 박사과정에서 찰스 스털링 교수 지도하에 에이즈를 공부하게 되었다.

　　나는 애리조나대학에서 에이즈 환자의 치명적인 증상 중 하나로 설사를 일으키는 크립토스포리디움[Cryptosporidium]을 연구했다. 에이즈 환자들이 이 균에 감염되면 두 달가량 심각한 설사를 하다가 탈수 현상으로 사망하게 된다. 나는 이 균을 진단할 수 있는 진단시약을 세계 최초로 개발하는 데 참여하게 된 것이다. 제약회사의 연구 지원으로 설사를 유발하는 크립토스포리디움을 공격할 수 있는 중화 항체를 포함하는 초유를 개발하여 환자에게 주입해 항체가 균의 증식을 막아서 설사를 멈추게 하는 연구였고, 마침내 성공하게 되었다.

　　지도교수는 나에게 등록금과 생활비를 제공하는 파격적인 장학금을 제공하였고 연구조교로 일하면서 학업과 연구에 매진할 수 있도록 배려해 주었다. 그리고 연구조교 2년을 마치고 교육조교를 하면서 장학금을 지속적으로 받으며 박사과정을 은혜 가운데 마칠 수 있었다. 하나님이 주신 파격적인 도움이었다. 주님께 모든 것을 맡기고 의지하였더니 "나를 부끄럽지 않게 하셨고^{시 25:2}, 나를 도우셨다^{시 28:7}." 여호와는 나의 힘이요 방패였다.

1989년 12월 마침내 꿈에 그리던 박사학위를 받았다. 진학할 대학이 없던 공부 못하는 문과 학생이 적성에도 맞지 않는 이과 공부를 시작한 지 15년 만에 과학 선진국 미국에서 미생물·면역학 박사학위를 받게 된 것이다. 지난 15년은 정말 주님의 도움 없이는 한 걸음도 갈 수 없던 시간이었다. 철저히 주님이 챙겨 주시고 동행해 주신 시간이었다.

"너희들은 다른 건 몰라도 일단 책상에 앉으면 8시간은 일어나지 않고 앉아 있는 끈기는 아빠한테 배워야 한다."

아내가 아이들한테 해 주는 말이다. 비록 나는 머리가 나빠 아무리 공부해도 좋은 결과를 얻을 수 없었지만 최선을 다해 노력하는 것을 게을리한 적은 없다. 주님이 최선을 다하는 자를 도와주시고 사용하신다고 확신했기 때문이다. 나의 체력이 버틸 수 있는 한 나는 책과 씨름하며 도전했다. 그리고 여호와 앞에 잠잠하고 참고 기다리며^{시 37:7} 그를 의지했다. 그러자 그가 이루어 주셨다^{시 37:5}.

◇◇ 꼴찌, 교수가 되다

1974년 말 우리 집을 방문했던 김명진 교수님이 너의 꿈이 무엇이냐고 물었을 때 아무 생각 없이 "교수요"라고 했던 대답이 현실로 이루어졌다. 박사학위를 취득하고 1990년 2월 모교 생물학과 교수로 돌아오게 되었다. 꼴찌가 교수가 되다니! 믿기지 않는 기적이었다.

적성에도 맞지 않은 과학을 공부하는 일은 결코 쉽지 않았다. "사방으로 우겨쌈을 당하여도…답답한 일을 당하여도… 박해를 받아도… 거꾸러 뜨림을 당하여도…"[고후 4:8-9]라고 한 사도 바울의 심정을 이해할 수 있는 시간이었다. 내게 공부는 치열한 씨름판이었고 시련이었고 박해였다. 내 머리는 과학을 담을 수 있는 용량이 아니었다. 그러나 주님은 나로 하여금 인내하고 순종하게 하셨고, 기도하며 믿음으로 버티게 도와주셨다. 절망적인 상황에 몰릴 때도, 주님의 귀는 나의 기도를 듣고 계셨다. 아브라함이 도저히 신뢰할 수 없는 상황에서도 전적으로 하나님을 신뢰했듯이, 찌푸린 섭리 뒤에 숨어 있는 주님의 얼굴을 찾으려 했다. 근심과 시련에 눌릴 때 구름만 보지 않고, 구름 뒤에서 날 보고 계시는 주님을 보려고 했다. 나의 하나님을 신뢰했다.

결국 주님은 바울이 받은 은혜처럼 나를 '싸이지 아니하며 낙심하지 아니하며 버린 바 되지 아니하고 망하지 아니하게'[고후 4:8-9] 하셨다. 주님은 나를 '놓지 않으셨고, 버리지 않으셨다'[호 11:8]. 공부 꼴찌를 과학을 담을 수 있는 그릇으로 만들어 주셨고, 이제는 공부가 재미있는 사람으로 만들어 주셨다!

특히 어머님이 대학 입학 선물로 주신 역대하 16장 9절 말씀의 위력은 대단했다. 내 머리로는 아무것도 할 수 없으니 오직 주님만을 전심으로 의지하여 주님이 내 안에서 능력을 나타나게 하라는 어머니의 말씀은 그대로 내 삶이 되었다. 나는 주님께 전심으로 매달렸고 주님이 내 삶을 만들어 가시도록 맡겼다. 말씀은 살아 움직이며 역동해서 쓰러진 나를 일으켰고, 여호와가 내 인생에 개입해 일하게 했으며, 앞으로 갈 수 없는 나를 전진하게 해 주었고, 결국 먼 미래에 인류를 괴롭힐 21세기 흑사병을 미리 공부하도록 인도했다.

'하나님은 미련하고 약한 자를 택하여 아무 육체라도 하나님 앞에서 자랑하지 못하게 하고, 오직 자랑하는 자는 주 안에서 자랑하게 하려 한다'는 말씀이 내 삶에서 일어났다. '하나님이 너를 사랑하고 있으니 그의 사랑을 신뢰하라'는 에드나 어머니의 기도는 내 삶을 이끌어 갔다.

"하나님께서 세상의 미련한 것들을 택하사 지혜 있는 자들을 부끄럽게 하려 하시고 세상의 약한 것들을 택하사 강한 것들을 부끄럽게 하려 하시며"(고전 1:27.)

"자랑하는 자는 주 안에서 자랑하라 함과 같게 하려 함이라"(고전 1:31).

하나님이 엮어 주신 노벨상 수상자

1990년 건국대학교 생물학과 교수가 된 후 나는 열심히 연구하고 학생들을 지도했다. 학생들을 가르치고 내가 하고 싶은 연구를 할 수 있는 교수라는 직업이 내 적성에 맞았다. 참 좋았다.

1995년 대학은 다음 해인 1996년 5월 15일 개교 50주년을 기념해 노벨상 수상자와 외국의 석학 10여 명을 초청하는 국제심포지엄을 열기로 했다. 지금은 특별한 일도 아니지만 당시로선 노벨상 수상자를 초청하는 일은 언론이 대서특필할 만한 사건이었다.

대학은 노벨상 수상자 섭외 건을 내게 맡겼다. 그런데 대학이나 나나 노벨상 수상자를 초청하려면 최소 1년 전에는 섭외가 완료되어야 한다는 사실을 미처 몰랐다. 1995년 10월에 이 같은 결정을 하고 섭외하기 시작했으니 늦어도 한참 늦은 것이었다. 아마 거의 모든 노벨상 수상자를 접촉한 것 같다. 하지만 아무리 강연료를 많이 준다 해도 올 수 있는 사람이 없었다.

나는 특히 바루크 블럼버그^{Baruch Blumberg} 박사나 석사학위만으로 노벨상을 수상한 여성 과학자 거트루드 엘리온^{Gertrude Elion} 박사를 초청하고 싶었다. 블럼버그 박사는 간염 바이러스를 세계 최초로 발견하고 백신을 개발한 후 돈을 많이 벌 수 있었음에도 불구하고 어린이를 위해 백신을 기부한 분이었다. 그는 미국 필라델피아에 있는 폭스 체이스 암연구소^{Fox Chase Cancer Center}에서 일하면서 펜실베이니아대학 교수로 있었다. 특히 우리나라에는 간염 환자가 많았기에 블럼버그 박사가 올 수 있다면 언론의 관심을 끌어내기에 충분했다. 그러나 블럼버그 박사는 이미 2년 전에 영국 옥스퍼드대학으로부터 같은 기간에 초청을 받아 건국대학에 올 수 없는 상황이었다. 거트루드 엘리온 박사는 여성으로서 석사학위를 받고 뉴욕에 있는 제약회사에 근무하면서 수많은 세계적인 치료약을 개발한 공로로 노벨상을 수상한 분이다. 여성 과학자라는 점 그리고 석사학위자로서 노벨상을 받았다는 점이 흥미를 끌 만했다. 하지만 엘리온 박사는 건강이 좋지 않아 비행기를 탈 수 있는 형편이 못 되었다.

시간은 점점 지나 어느덧 12월이 되었다. 행사까지는 5개월 정도밖에 안 남았는데 노벨상 수상자 섭외가 안 되어 나는 초조하게 시간을 보내고 있었다. 다른 저명한 외국 과학자 10명의 섭외는 완료되었으나 노벨상 수상자는 확정되지 않았다. 그냥 노벨상 수상자 없이 진행하자는 의견도 있었지만 학교에서는 노벨상 수상자 없는 국제심포지엄을 치르고 싶어 하지 않았다. 그러나 한 가닥의 희망도 보이지 않았다. 전 세계에서 올 수 있는 노벨상 수상자는 단 한 명도 없었기 때문이다.

나는 어느 날 긴장 속에서 잠을 설치다가 새벽녘 아내에게 미국에 다녀오겠다고 하고 무작정 공항으로 갔다. 블럼버그 박사가 있는 필라델피아로 가기 위해서였다. 그동안 블럼버그 박사가 내 꿈에 여러 번 나타났었다. 이것이 주님이 보여 준 환상이 아닐까 막연히 기대하며 블럼버그 박사에게 연락을 했다. 그는 못 간다고 했는데 왜 자꾸 귀찮게 연락을 하냐고 했고, 그 후로는 내 연락을 받지도 않았다. 나는 더 이상 한국에서 할 수 있는 게 없었다. 정면 돌파를 하기로 했다. 학교에 연락해 블럼버그 박사를 만나러 미국에 가고 있다면서 만약 블럼버그 박사가 초대에 응한다면 출장비를 달라고 했다. 그러나 나는 마음 한구석에 주님이 이루어 줄 거라는 믿음이 있었다. "믿음은 바라는 것들의 실상이요 보이지 않는 것들의 증거"히 11:1라는 말씀과 "보지 못하고 믿는 자들은 복되도다"요 20:29는 말씀을 가슴에 품고 비행기에 몸을 실었다.

예수를 믿고 나서 언제부턴가 왠지 뒤에 든든한 분이 버티고 있다는 믿음이 생겼다. 불가능할 것 같은 일도 주님만 믿고 나가는 이상하지만 좋은 습관이 생긴 것이다. 주님이 약속한 가나안 땅을 정탐한 열 명의 정탐꾼이 '아낙 자손에 비하면 우리는 메뚜기 같다'고 보고했을 때 오히려 '그들은 우리의 밥이다'민 14:9고 선언한 여호수아와 갈렙이 내 신앙의 롤모델이다. 이스라엘 군대가 두려워하며 떨 때 갑옷도 입지 않고 나가 골리앗에게 "너는 칼과 창과 단창으로 내게 나아오거니와 나는 만군의 여호와의 이름 곧 네가 모욕하는 이스라엘 군대의 하나님의 이름으로 네게 나아가노라"삼상 17:45 고 외치는 다윗의 믿음의 배짱이 나의 롤모델이다. 나는 주님만 바라보며 앞으로 나아갔다. 그것이 내가 할 수 있는 유일한 것이었다. 이때도 에드나 어머니의 편지를 받은 터였다.

God loves You, Trust His Love, I pray for you.

14시간을 날아가 뉴욕 존에프케네디 공항에 도착해서 블럼버그 박사에게 전화했다. 그는 깜짝 놀라며 못 간다고 했는데 왜 왔느냐고 했다. 나는 그런 줄 알지만 커피 한잔 하러 왔다며 만나 달라고 했다. 그렇게 해서 공항에서 다시 3시간 정도 운전해서야 닿는 그가 살고 있는 필라델피아로 향했다. 그런데 뉴욕 맨해튼에서 길을 잘못 들어서 길을 헤매다 겨우 휴게소를 찾아 전화했더니 블럼버그 박사는 벌써 도착할 시간인데 오지 않아 내심 걱정했던지 매우 반갑게 전화를 받았다. 당시는 스마트폰도 내비게이션도 없었다. 결국 5시간 만에 블럼버그 박사 사무실에 당도하자, 블럼버그 박사와 비서가 걱정이 되어 연구소 정문에서 나를 기다리고 있었다.

블럼버그 박사는 옥스퍼드대학과 맺은 계약서를 보여 주며 일정과 겹쳐서 도저히 건국대학에 갈 수 없다고 설명했다. 혹시 행사 날짜를 연기하면 시간을 내 보겠노라 했다. 하지만 개교기념 행사이기 때문에 우리도 날짜를 미룰 수는 없었다. 나는 복도로 나가 의자에 앉아서는 건국대학에 가겠다고 약속할 때까지 여기서 기다리겠노라고 차분히 말했다. 블럼버그 박사는 몹시 당황하며 아무리 그래도 일정을 변경할 수 없다며 나를 달랬다. 나는 신경 쓰지 말고 일을 보시라고 했다. 그는 일을 보러 왔다 갔다 하는 사이에 내게 갈 수 없다 하고 나는 알고 있으니 신경 쓰지 말고 일 보시라 하고 그러다 마침내 밤이 되었다. 그날 나는 복도 의자에서 밤을 새웠다.

　　복도 끝에서 나를 쳐다보는 경비원을 보자니 지금 내가 하는 짓이 블럼버그 박사에게 몹시 무례한 행동임이 분명했다. 그럼에도 이미 엎질러진 물이었다. 나는 소망을 하나님께 두기로 하고 "나의 힘이 되신 여호와여 내가 주를 사랑하나이다"[시 18:1], 내가 가는 길을 온전하게 하소서"[시 18:32] 저는 여호와를 바라보겠습니다! 저에게 힘을 주시옵소서. 강하고 담대하게 여호와를 의지하겠습니다"[시 27:14]라고 간절하게 기도했다. 그리고 블럼버그 박사가 나의 행동을 불쾌하게 받아들이지 말고, 그분을 꼭 초청하고 싶은 나의 간절함으로 받아들이게 해 달라고 기도했다.

　　다음 날 아침이 되었다. 블럼버그 박사가 나를 사무실로 부르더니 옥스퍼드대학의 2주 일정을 반으로 줄이고 건국대학 개교기념일에 맞추어 가겠다고 말했다. 그가 항복을 선언한 것이다. 주님이 블럼버그 박사의 마음을 흔들어 주신 것이다. 주님은 이번에도 멋지게 일해 주셨다. 정말 주님은 든든했다. 나는 주님이 해 주실 줄 알았다. 하나님의 사랑을 믿었다. 주님을 의지하였더니 나를 부끄럽지 않게 하셨고[시 25:2], 내 마음이 그를 의지하였더니 나를 도우셨고[시 28:7], 내 오른손을 붙드셨다[시 73:23]. 이렇게 해서 건국대학교

개교 50주년 기념 노벨상 수상자 초청 국제심포지엄은 성공적으로 개최될 수 있었다.

학교는 블럼버그 박사의 강연 통역까지 내게 맡겼다. 이 심포지엄은 우리 대학 구성원들만 오는 것이 아니라 외부 인사들도 초청된 자리인지라 나로서는 큰 영광이었다. 통역은 매우 중요한 일이다. 아무리 블럼버그 박사가 강연을 잘해도 통역을 잘 못하면 소용이 없기 때문이다. 참석자들은 통역자의 입에 집중하기 때문에 통역을 잘하면 행사를 더 빛나게 할 수 있었다. 나는 이것이 주님이 만들어 주신 기회임을 직감했다.

나는 통역을 더 잘하기 위해 블럼버그 박사가 어떤 사람인지, 그가 한 연구 내용이 구체적으로 어떤 것인지를 파악했다.

드디어 그가 공항에 도착한 날 나는 열한 살 딸 위나를 데리고 갔다. 위나는 공항에서 나오는 블럼버그 박사에게 꽃바구니를 전달했다. 블럼버그 박사는 이렇게 우여곡절 끝에 한국 땅을 밟게 되었다. 지금도 공항에서 나오던 그를 바라보던 때의 감동을 잊을 수가 없다.

드디어 국제심포지엄 행사 날이 되었다. 많은 학생, 교수, 직원 그리고 외부 손님들이 참석했다. 예상했던 바 간염이 우리나라의 주요 관심사 중 하나였기에 많은 언론사에서도 취재하러 나왔다. 서울대학교 총장을 하셨고 교육부장관을 지내신 조완규 박사가 블럼버그 박사 강연의 사회를 보았다. 그런데 강연을 마치고 질의응답 시간이 되었을 때 조완규 박사가 의외의 말씀을 하셨다.

"여러분은 조명환 교수가 건국대학교 교수로 있다는 사실을 기쁘게 생각해야 합니다. 내가 지금까지 전 세계 학회와 심포지엄을 수없이 다녀 보았지만 조 교수처럼 이렇게 통역을 잘하는 사람은 본 적이 없습니다. 서울대학교에도 이렇게 통역을 잘하는 교수는 없을 것입니다."

조완규 박사의 이 깜짝 발언을 나보다 동료 교수들이 더 좋아했다. 원로교수에게 듣는 칭찬이었기 때문일 것이다. 이 일로 나는 건국대학교에서 약간 유명세를 타게 되었다. 블럼버그 박사도 나의 훌륭한 통역 덕분에 본인의 강연이 더욱 빛났다면서 매우 좋아해 주었다. 하나님은 나의 피난처이시고, 나의 힘이시며, 어려운 고비 때마다 나에게 항상 도움을 베푸는 이시다[시 46:1].

만남은 꼬리에 꼬리를 물고

강연을 마치고 돌아간 블럼버그 박사로부터 그 해 10월에 편지 한 통을 받았다. 스탠퍼드대학 초청으로 1년간 강의를 하게 되었는데 나에게 같이 갈 수 있겠냐고 묻는 편지였다. 나는 마침 안식년을 맞아 갈 수는 있었지만, 선배 교수에게 양보한 터라 당장 떠날 수 있는 입장이 못 되었다. 하지만 나는 이때도 주님께서 나를 결국 보내실 것이라는 확신이 있었다. 노벨상 수상자가 나를 초청하는 것은 심상치 않은 일이며, 내 인생에 몇 안 되는 행운이었기에 이 사건 역시 우연한 일이 아니라 주님의 간섭으로 일어났을 것이라 생각했기 때문이다. 이때도 에드나 어머니의 'God loves You, Trust His

Love, I pray for you'의 메시지를 담은 편지가 와 있었다. 인생의 중요한 순간마다 에드나의 편지는 주님의 개입을 전하는 메시지 역할을 했다.

나의 믿음대로 나는 결국 블럼버그 박사를 따라 스탠퍼드대학에 갈 수 있었다. 안식년을 갖기로 한 선배 교수가 부인이 외국에 나가길 원하지 않는다며 계획을 취소하고 내게 안식년을 가지라고 한 것이다. 나는 선배 교수의 말을 들으며 속으로 주님이 그러실 줄 알았다고 통쾌하게 웃었다. 블럼버그 박사의 초청도 주님이 하신 일이요, 스탠퍼드대학에 가게 된 것도 주님이 하신 일이었다.

그런데 문제가 생겼다. 블럼버그 박사가 스탠퍼드대학 총장에게 건국대학의 조명환 교수를 함께 초청해 달라면서 체류 경비도 지불해 달라고 요구했는데 대학 측이 이에 대해 난색을 표한 것이다. 그도 그럴 것이 나는 학자로서 아직 아무런 업적도 없는 한국의 조교수에 불과했다. 대학 측은 한발 물러나 교수로서 초청하는 것은 가능하나 체재 비용까지 지불할 수 없다고 했고, 블럼버그 박사는 자신의 요구를 관철하려 했기에 둘 사이에 갈등이 생겼다. 우여곡절 끝에 스탠퍼드대학이 블럼버그 박사의 요청을 받아들이는 것으로 문제는 봉합되었다.

블럼버그 박사와는 건국대학 방문을 계기로 가까운 사이가 되었다. 복도 의자에 앉아 버티는 나를 다행히 무례하다기보다 간절함으로 이해해 준 덕분이었다. 또한 한국을 방문한 일주일간 그와 나는 거의 붙어 다녔다. 그러면서 살아온 이야기며 자녀와 가족 이야기, 취미와 비전을 서로 나누며 블럼버그 박사가 나를 아들처럼 여길 만큼 매우 가까워졌다. 이후 블럼버그 박사는 내 평생의 멘토가 되었다.

스탠퍼드대학이 위치한 캘리포니아 주 팔로알토^{Palo Alto}에 도착한 날, 나는 블럼버그 박사와 토머스 메리건^{Thomas Merigan} 교수와 한국 식당에서 만나 식사를 했다. 그는 그 자리에서 매우 생소한 제안을 했다. 스탠퍼드대학에 있는 1년 동안 60퍼센트는 메리건 박사와 에이즈 연구를 하고 나머지 40퍼센트는 자기와 시간을 보내라는 것이었다. 메리건 박사는 당시 세계 최초로 항바이러스성 단백질인 인터페론^{interferon}을 암 치료에 사용하여 세계적인 명성을 얻은 바이러스 분야의 석학이자 스탠퍼드대학 에이즈연구소 소장이었다. 그리고 블럼버그 박사는 미국 항공우주국^{NASA} 우주생물학 연구소 소장이었다. 세계적인 석학 두 사람과 함께하는 기회이니 나로선 마다할 이유가 없었다.

블럼버그 박사의 소개로 나는 메리건 교수가 이끄는 세계 최초의 소위 '칵테일 에이즈 치료약' 임상실험에 참여할 수 있었다. 당시 보통 치료약 1개 혹은 2개 정도로 에이즈를 치료하던 시대에 최초로 3개의 치료약을 동시에 투여하는 임상실험을 진행하는 프로젝트였다. 이 임상실험에 에이즈 환자 300명이 참여했다. 그러나 에이즈바이러스는 영리하여 치료약들의 공격을 교묘하게 피해 갔다. 우리는 바이러스가 어떤 전략으로 치료약의 공격을 피해 가는지 알아내고 차세대 신약 개발을 위한 정보들을 수집했다. 나는 세계 최고의 에이즈 전문가들이 에이즈바이러스와 전쟁을 하는 그 현장에 참여하는 참으로 놀라운 수혜를 입은 것이다. 이를 계기로 에이즈 연구와 관련해 나의 수준이 한층 업그레이드됐다.

앞에서도 말했지만, 내가 애리조나대학에서 에이즈 공부를 한 것은 나를 유일하게 받아 준 스털링 교수가 에이즈 연구가였기 때문이다. 내가 원했거나 관심이 있어서가 아니라 전적인 주님의 인도로 에이즈를 공부한 것이다. 마찬가지로 나는 세계 최고의 권위를 자랑하는 스탠퍼드대학 에이즈 연구소에서 메리건 교수와 공동 연구를 할 만한 사람이 아니었다. 나에게는 좋은 기회였지만 사실 부담이 많이 되었다. 메리건 교수의 명성과 실력에 걸맞은 실력을 갖고 있지 않았기 때문이다. 그럼에도 이것은 주님의 인도하심이 분명했다. 주님의 개입이 없이는 도무지 불가능한 일이 일어났던 것이다. 그렇기에 나는 도망가지 않고 부딪치기로 했다.

지금까지 내 실력으로 제대로 한 것이 있었는가? 전부 주님께서 사람을 통해 나를 성장시켜 주시지 않았던가? 나는 노벨상 수상자와 세계적인 에이즈 연구가와 공동 연구할 만한 사람이 못 되었지만, 주님의 계획과 이끄심을 기대하기로 했다. 그 달에도 에드나의 'God loves you, Trust His Love, I pray for you'의 메시지가 도착했다.

스탠퍼드대학은 미국의 다른 대학들과 달리 교수의 이중 직업을 허용했다. 가령 교수이면서 동시에 벤처기업 사장을 할 수 있었다. 교수 밑에 있는 학생들도 교수가 운영하는 회사에서 돈을 받고 일할 수 있었다. 대학과 산업의 경계가 불분명해서 캠퍼스 안에 산업체 건물이 입점해서 교수가 연구하다가 좋은 발견을 하면 언제든지 기업인들에게 상업화 가능성을 타진할 수 있었다. 학생들도 좋은 아이디어가 있으면 언제든지 사업계획서를 제출하여 가능성이 보이면 자본 없이도 쉽게 창업할 수 있었다.

스탠퍼드대학의 교수들은 거의 정장을 입지 않았다. 그들의 권위는 복장이나 외모에서 나오는 것이 아니라 그들의 창의적인 실력에서 나왔기 때문이다.

2005년 스티브 잡스가 스탠퍼드대학 졸업식에서 한 연설이 전 세계 사람들에게 회자되었다.

"무덤 안에서 가장 부자가 되는 것보다 매일 밤 잠자리에 들 때 우리가 놀라운 일을 했다고 말하는 것이 더 중요하다."

그리고 그는 연설 말미에서 길이 남을 명언을 남겼다.

"Stay Hungry, Stay Foolish."

초심을 잃지 말고 끊임없이 자신을 절박하게 몰아붙여 변화를 시도하고, 스스로 낮추어 배움을 갈구해야 한다는 의미다. 즉 나를 부수는 것이 새로운 나를 만드는 길이라는 것이다. 네 개의 단어에 불과한 이 문장은 전 세계인들에게 신선한 충격을 주었다. 스티브 잡스는 역시 달랐다.

그런데 스탠퍼드대학 졸업식에 선 스티브 잡스가 세계인의 주목을 끈 또 다른 것이 있었으니 바로 그의 옷차림이었다. 그는 늘 입고 다니던 청바지에 티를 입고 강단에 섰다. 여기까지는 그런대로 이해할 수 있었다. 그런데 그는 양말도 신지 않은 채 슬리퍼를 신고 나타났다. 세계는 놀랐다. 하지만 스탠퍼드대학에선 스티브 잡스의 복장이 대학의 품위를 떨어뜨린다거나 대학의 교수와 학생들에게 최소한의 예의도 지키지 않았다고 비난하는 말이 한마디도 나오지 않았다. 스탠퍼드대학의 문화가 바로 그와 다르지 않았기 때문이다. 그들은 오로지 세상을 변화시킬 만한 혁신적인 아이디어와 제품에만 열광했다. 옷을 어떻게 입고 다니고 얼굴을 어떻게 꾸미는가에는 전혀 관심을 기울이지 않았다.

스티브 잡스는 이 연설을 한 2년 뒤에 세계 최초로 전화기, 컴퓨터 그리고 아이팟이 하나로 결합된, 그것도 주머니에 들어가는 아이폰을 세상에 내놓았다. 1876년 알렉산더 그레이엄 벨에 의해 전화기가 발명되었고, 1936년엔 세계 최초로 집채만 한 컴퓨터가 발명되었으며, 2007년엔 스티브 잡스에 의해 이 두 가지를 통합한 스마트폰이 발명되었다. "그냥 모바일을 만들지 말고 고객이 원하는 것을 만들라"고 주문했던 잡스는, 인류의 생활환경을 완전히 바꾸는 역사적인 발명품을 세상에 내놓았다. 세계적인 대학에서 청바지를 입고 슬리퍼를 신고 나와 연설을 한 스티브 잡스다운 일이었다.

한편, 내 시간의 40퍼센트를 자기와 보내자고 했던 블럼버그 박사는 종종 나를 따로 불렀다. 그런데 그가 오라고 한 곳은 연구실이 아니라 다른 사람들과 함께하는 점심 혹은 저녁식사 자리였다. 노벨상 수상자라 그런지 만나는 사람도 노벨상 수상자들이었다. DNA를 발견한 제임스 왓슨[James Watson]과 프랜시스 크릭[Francis Crick] 박사 등 교과서에 나오는 노벨상 수상자는 거의 다 만난 것 같다. 어떤 때는 정치인도 나와 있었다. 당시 상원의원이던 조 바이든[Joe Biden] 전 부통령, 하원의장을 지낸 낸시 펠로시[Nancy Pelosi], 흑인 운동가 제시 잭슨[Jesse Jackson] 목사, 휴랫팩커드 공동창업자 윌리엄 휴렛[William Hewlett], 시스코 공동창업자인 여성 기업인 샌디 러너[Sandy Lerner], 제리 양[Jerry Yang]과 함께 야후를 공동창업한 데이비드 필로[David Filo] 등 세계 역사의 한 페이지를 장식했던 인물들을 만났다. 특히 유전공학 기술을 탄생시키고 세계 최초의 생명공학회사 제넨텍^{Genentech}을 창업한 전설적 인물인 허버트 보이어^{Herbert Boyer}를 만났을 때의 감동은 지금도 잊을 수 없다.

그밖에도 스탠퍼드대학 게하드 캐스퍼^{Gerhard Casper} 총장, 노벨상 수상자이며 MIT 교수였다가 칼텍 총장으로 간 데이비드 볼티모어^{David Baltimore}, 윌리 브라운^{Willie Brown} 샌프란시스코 시장, 리처드 리오단^{Richard Riordan} LA 시장 등 다양한 사람들과 만났다. 실리콘밸리의 성공한 기업인은 물론 심지어 실패한 기업인들도 만났다. 그들이 왜 실패했는지, 왜 성공했는지 그들의 이야기를 듣게 한 것이다. 하나님은 내가 평생 만날 수 없는, 세계를 변화시킨 사람들을 블럼버그 박사를 통해 만나게 해 주셨고, 내가 접근할 수 없었던 세상을 접하게 해 주셨다.

놀랍게도 달나라를 걸은 12명 중에 한 사람인 유진 서난^{Eugene Cernan}도 만났다. 그는 영국 BBC 방송 〈달 위의 마지막 인간〉^{Last Man on the Moon}의 주인공이기도 한데, 그는 달에 도착하자마자 "오늘 미국의 도전은 내일 인류의 운명을 만든다"^{American's challenge of today has forged man's destiny of tomorrow}는 명언을 남겼다. 달에서 3일을 보내고 돌아온 그에게 사람들은 "달은 실제로 어땠느냐? 하나님은 보았느냐?"는 질문을 가장 많이 했다고 한다. 그의 대답은 이랬다.

"하나님을 보지는 못했지만 우주가 하나님의 창조물인 것만은 확신하게 되었다."

다음은 유진 서난과 나눈 대화를 요약한 것이다.

지구에서 태양까지의 거리는 약 1억 5000만 km나. 1년 동안 지구가 태양을 도는 거리는 9억 4200km이며 지구는 1초에 약 30km의 속도로 태양 주위를 달린다. 흙덩어리에 불과한 지구가 마치 생각하는 생명체처럼 스스로 회전하는 자전 운동을 하는 동시에 태양 주위를 도는 공전 운동도 한다. 지구는 또 자전축이 약 23.5도 기울어져 있어서 태양에서 지구로 빛이 도달하는 거리와 빛을 받는 시간이 달라지게 하여 봄, 여름, 가을, 겨울의 계절을 만든다.

지구가 한 바퀴 도는 데는 24시간이 걸린다. 적도의 길이가 약 4만 km에 달하니 지구는 시속 약 1700km의 속도로 돌고 있는 셈이다. 그런데도 우리는 전혀 속도감을 느끼지 못하고 편안하게 살고 있다. 달리는 차에서 창문만 열어도 스치는 바람으로 속도를 느낄 수 있는데 말이다.

태양계의 8개 행성수성, 금성, 지구, 화성, 목성, 토성, 천왕성, 해왕성은 지구와 같은 방향으로 공전한다. 어떻게 태양, 지구, 달, 행성들이 마치 서로 약속이나 하고 행동하는 것처럼 태양계를 유지하고 있는 걸까? 생명이 없는 흙덩어리들이 우주 공간에서 떨어지지 않고 자기의 길을 찾아 정확하게 돌고 있다는 것은 우연히 발생한 일이라고 볼 수 없다. 마치 자동차의 부속품들이 서로 작동해서 자동차를 움직일 수 있는 것은 부속품들이 스스로 만들어져 자동차 안에 들어가 일하는 것이 아니라 그것들을 만든 인간이 있기 때문에 가능한 일과 같다. 마찬가지로 행성들이 태양 주위를 수억만 년 동안 오차 없이 돌 수 있는 것도 우주를 만든 창조주가 존재하기 때문이다.

자동차는 시간이 지나면 고장 난다. 불완전한 인간이 만들었기 때문이다. 하지만 태양과 태양 주위를 돌고 있는 행성들은 그 오랜 시간 동안 고장 없이 돌아가고 있다. 이걸 어떻게 설명할 수 있을까? 조물주 하나님의 존재를 인정하지 않으면 설명할 수 없는 것이다.

◇◇ 블럼버그 박사가 준 최고의 선물

블럼버그 박사는 또 내게 캘리포니아 멘로 파크^{Menlo Park}와 팔로알토, 우드사이드^{Woodside}를 지나는 샌드힐로드^{Sand Hill Road}의 세상을 보여 주었다. 스탠퍼드대학도 이 길에 있다. 실리콘밸리에서 성공한 기업들의 성공 스토리는 샌드힐로드에 있는 벤처캐피털^{venture capital} 회사들이 지원하여 탄생했다고 생각하면 된다. 벤처캐피털은 고도의 기술력이 있고 장래도 유망하나 경영 기반이 약한 벤처기업에 무담보 주식투자 형태로 투자하는 기업이나 그러한 기업의 자본을 말한다.

미국의 수도 워싱턴 D.C.의 케이 거리^{K Street}에는 정부를 상대로 활동하는 로비스트들의 사무실들이 모여 있고, 뉴욕에는 미국 주식 시장의 중심인 월스트리트가 있듯이, 캘리포니아 실리콘밸리에는 미국 벤처 기업들에게 창업 자금을 대주는 벤처캐피털 회사들이 있다. 미국 전체 벤처캐피털 투자금의 1/3이 실리콘밸리 벤처캐피털에 있으며 20개 이상의 미국 최대 벤처캐피털 본부가 위치하고 있다. 또 포춘이 선정한 1000개 기업 중 39개의 기업 본부들을 비롯해 최첨단 정보통신, 컴퓨터, 생명공학 기업들과 수천 개의 스타트업 벤처기업들도 여기에 있다. 마이크로소프트, 아마존, 페이스북,

트위터, 인스타그램, 스카이프 같은 세계적인 기업들이 샌드힐로드에 있는
벤처캐피털 자금으로 탄생했다.

블럼버그 박사는 나를 샌드힐로드에 데려가 실리콘밸리의 생태계를
구석구석 보여 주었다. 그는 나에게 과학자가 발견한 지식이 어떤 과정을 거
쳐 상업화되는지 보여 주려고 했다. 실리콘밸리는 그러한 전 과정을 한눈에
볼 수 있는 아주 최적의 장소이기 때문이다. 즉 연구 개발, 사업계획서 작성,
투자 유치, 창업 등 모든 과정이 실리콘밸리에서 이루어진다. 한 지역에서 이
모든 과정이 해결되는 곳은 전 세계 어디에도 존재하지 않는다. 그는 과학자
가 새로운 지식을 발견한 후 사업계획서가 어떻게 만들어지는지, 투자가들
이 좋아하는 사업계획서는 어떤 것인지, 투자 결정은 어떻게 이루어지는지
등 실리콘밸리에서 벌어지고 있는 벤처기업의 탄생과 성장을 알려 주었다.

블럼버그 박사도 이런 일련의 과정을 모두 경험했다. 그는 세계 최초
로 간염 바이러스를 발견했다. 즉 아무도 몰랐던 새로운 지식을 발견한 것이
다. 그러나 그는 새로운 바이러스의 발견에 그치지 않고 사람들이 간염으로
부터 고통 받는 것을 막기 위하여 백신을 만들었다. 만약 간염을 일으키는
바이러스의 존재를 알게 되었다 해도 그 바이러스와 싸울 무기가 없다면 무
슨 소용이 있겠는가.

그래서 그는 간염 바이러스를 공격할 수 있는 백신을 개발한 뒤 사람
들이 간염 바이러스와 싸울 수 있도록 백신을 제품화하여 시장에 내놓았다.
이러한 과정을 '지식의 상업화'Commercialization of Knowledge라고 한다. 즉 새롭게
발견된 지식을 소비자가 돈을 주고 살 수 있는 치료약이나 백신 같은 제품

으로 만들어 시장에 출시하는 과정을 말한다.

블럼버그 박사는 아프리카에서 연구하면서 임신부가 임신 중에 혹은 분만 시에 자녀에게 간염 바이러스를 옮겨 주어 자녀 중 일부가 나중에 간암에 걸릴 수 있다는 사실을 알게 되었다. 그는 고통 받는 가난한 아프리카 어린이들에게 백신을 기부하기 위해 그 백신을 만들기까지 연구 개발, 사업계획서 작성, 투자 유치, 백신 제품 개발 등 지식의 상업화 전 과정에 참여했다.

그는 과학자가 연구실에서 새로운 지식을 발견하는 것도 중요하지만 그것을 상업화하여 사람들이 질병으로부터 보호 받는 혜택을 누릴 수 있게 하는 것도 과학자가 해야 할 더 중요한 역할이라고 믿고 있었다. 이러한 이유로 그는 연구뿐 아니라 사람들이 과학의 혜택을 받는 최종 단계까지 관여했던 것이다. 그는 내게 지식의 상업화 전 과정을 보여 줌으로써 나도 폭넓은 과학자로서 역할하기를 기대한 것 같다.

그러나 나는 그 당시 블럼버그 박사가 왜 그 많은 사람들을 내게 소개해 주고 실리콘밸리를 경험하게 했는지 그 저의를 이해할 수 없었다. 그는 왜 그나 나의 전공과는 상관없는 경제, 경영, 정치 등에서 내 눈을 뜨게 하려는 걸까? 간염 바이러스를 세계 최초로 발견하고 간염 백신을 최초로 개발한 그가 왜 내게 그와 관련된 학문은 가르치지 않는 걸까? 물론 그를 통해 알게 된 세상은 내 능력이나 힘으로는 도무지 닿을 수 없는 것이었다. 당연히 내겐 행운이요 축복이었다. 그럼에도 내 마음속에선 '왜'라는 질문이 사그라지지 않았다. 그가 말한 40퍼센트의 시간은 정확히 무슨 의미가 있는 건지 알 수 없었다.

넉 달이 지났을 즈음, 나는 블럼버그 박사의 의도를 이해하기 시작했다. 그 사이 나의 사고력과 통찰력, 관점이 달라진 것이다. 나는 나와 전혀 다른 분야의 사람들과 만나고 대화를 나누면서 같은 이슈를 놓고도 과학자와 정치인, 기업인이 보는 시각이 각각 다르다는 걸 알게 되었다. 그러면서 그들에게 흥미를 느꼈고 이해했고 전과 다른 시각으로 그들을 보게 되었다. 이전까지 내 머릿속은 오직 생명과학, 그중에서도 면역학, 면역학 중에서도 에이즈 관련 지식으로 가득 차 있었다. 그런데 어느 순간부터 내 머릿속에는 사회과학과 인문학 등의 영역이 생겼다. 그리고 이들이 서로 융합되고 통섭하는 방법으로 사고하기 시작했다. 정말 놀라운 변화였다.

나는 그제야 블럼버그 박사에게 이것이 바로 당신이 의도한 바였냐고 물었다. 그러자 블럼버그 박사는 그동안 숨겨 온 놀라운 이야기를 해 주었다.

블럼버그 박사는 처음에 자신을 찾아와 복도 의자에서 버티던 나와 건국대학에서 치른 국제심포지엄에서 본 나, 그리고 일주일간 붙어 다니며 나눈 이야기를 통해 발견된 나에게서 다른 과학자가 갖고 있지 않은 '끼'를 보았다고 했다. 그것은 세계를 돌아다니며 많은 사람들과 일하는 삶이었다. 그래서 자신의 전문 분야인 바이러스가 아닌 정치, 경제, 문화 등 다른 세계를 만나게 해 주는 것이 내게 더 큰 도움이 될 거라고 생각했다고 했다.

미국 사회는 개인의 재능을 발견하고 그것을 개발해 주는 것을 중요한 가치로 생각한다. 미국은 집단보다는 개인의 가치를 우선시하는 개인주의Individualism에 기초하고 있기 때문이다. 블럼버그 박사는 나를 연구실에만 앉아 있는 과학자가 아닌, 현장을 뛰어 다니는 과학자로 키우고 싶었던 것 같다. 이를 위해 그는 내 내면에 숨어 있는 잠재력들을 찾아 주었다. 앞으로 내가 어떤 일을 하게 될는지 모르지만, 그는 내가 그동안 경험해 보지 못한 세상을 보여 줌으로써 나의 달란트를 끄집어내 키워 주고자 했다.

스탠퍼드대학과 실리콘밸리는 나를 교육하고 훈련하는 가장 훌륭한 교과서이자 교육 현장이었다. 그는 세계 최고의 위치에 있는 과학자들이 어떻게 문제를 찾아내고, 원하는 답을 얻기 위해 어떠한 전략을 구사하는지 직접 눈으로 보게 해 주었다. 세계 학문의 흐름을 주도하는 선구자들의 모습을 보여 준 것이다. 이는 블럼버그 박사가 나에게 줄 수 있는 최고의 선물이었다. 또한 하나님의 선물이 아니면 설명할 수 없는 소중한 경험이었다.

나는 블럼버그 박사의 권유로 클린턴 대통령의 딸 첼시가 참여한 수업에서 질병과 인류 문명에 대한 강의를 하기도 했다. 그는 자연과학자인 나를 통섭형 인재로 변화시켰고 그것은 내 인생에 커다란 전환점이 되었다. 세계 혁신의 용광로인 스탠퍼드대학과 실리콘밸리에서 보낸 1997년은 나를 완전히 다른 사람으로 변화시켰다.

하나님이 내게 힘으로 띠를 띠우시고, 나의 발을 암사슴 발 같게 하시어 나를 세우시려는[시 18:32-33] 훈련 과정이었고, 나의 지경을 넓히시는 시간이었다[대상 4:10].

"나는 너를 애굽 땅에서 인도하여 낸 여호와 네 하나님이니 네 입을 크게 열라 내가 채우리라"(시 81:10).

과학이 상업화되는 과정을 배우다

1998년 스탠퍼드대학에서 돌아온 나를 기다린 사람이 있었다. 하나님은 나의 부모님, 에드나 어머니, 김명진 교수, 도널드 딘 교수, 찰스 스털링 교수 그리고 노벨상 수상자 블럼버그 박사에 이어 내 인생에 또 한 사람을 등장시키셨다. 바로 기업가 서정진.

우리는 5월의 어느 날 여의도 한 호텔 커피숍에서 첫 만남을 가졌다. 당시는 스탠퍼드대학에서 메리건 교수와 내가 공동 연구한 에이즈 임상실험의 실적이 언론에서 보도되던 때였다. 그는 노랑 연필을 꺼내 하얀 종이에 그의 생명공학 사업에 대한 구상을 설명했다. 나는 살면서 그렇게 간단명료

하면서 머리에 쏙 들어오게 설명하는 것을 들어 본 적이 없다. 교수들은 연구를 하고 가르치는 것이 직업인 관계로 발표를 많이 한다. 그런데 그의 발표는 지금까지 들어 본 것과는 전혀 다른 차원이었다. 복잡한 것을 종이 한 장에 쉽고 설득력 있게 설명하는데 차라리 경이로울 지경이었다.

그는 삼성그룹에 이어 대우그룹에서 근무하다가 대우그룹 해체로 갑작스럽게 실업자가 되었으나 좌절하지 않고 신사업을 통해 국가 발전에 기여하고 사회에 공헌하겠다는 큰 뜻을 품고 있었다. 대우 그룹 최연소 임원 출신답게 참 스마트한 사람이었다. 그의 말은 군더더기 하나 없이 정말 명쾌했다.

그의 외모는 한국에서는 보기 드물게 이목구비가 뚜렷하고 거구의 몸집이었다. 하지만 외모와 달리 그의 목소리는 신뢰를 주기에 충분했고 그의 태도는 상대방을 존중하고 배려하는 따뜻함이 배어 나왔다.

그는 대담했다. 대한민국에서 아무도 가지 않은 길을 개척자의 마음으로 가고자 했다. 대한민국의 미래는 생명공학 산업에 달렸다며 나를 설득하는데, 마치 생물학 교수인 내가 그에게서 생명공학 산업의 필요성을 배우는 것 같았다. 나중에 알게 된 사실이지만 그는 인천 제물포고등학교 출신으로 가정 형편이 어려워 장학생으로 건국대학 산업공학과에 입학했고, 생활비를 마련하기 위해 택시 운전 아르바이트를 하면서도 수석으로 졸업한 전설적인 인물이었다. 그는 철저한 흙수저였다.

나는 같은 대학을 다녔지만 학년과 전공이 달라 그를 본 적은 없었다. 그의 삶은 천재적인 머리를 가지고도 늘 먹고사는 문제로 씨름한, 성실과 열심의 아이콘 그 자체였다.

서정진 회장과 나는 오랜 논의 끝에 넥솔바이오텍을 설립하고 공동 대표로 생명공학 사업을 시작했다. 넥솔바이오텍은 신약 개발을 위한 사업 모델로 시작하지 않고, 미국 같은 선진국에서 개발된 신약을 한국에서 계약 생산CMO하는 사업 모델에 관심을 가졌다. 일반적으로 제약회사들은 먼저 연구개발을 하고 개발한 의약품의 판매 허가를 받은 후 판매량을 늘려 가면서 생산 능력을 확대하는 과정으로 성장해 나간다. 하지만 서 회장은 반대로 했다. 먼저 생산 설비를 갖춘 후 계약생산 사업을 통해 선진 기술을 익히고 노하우를 축적해 의약품을 개발하는 CMO 모델을 채택한 것이다. 이런 역발상 전략이 실현될 것이라고 믿은 사람은 단 한 명도 없었다. 그는 CMO 사업으로 한국의 생명공학 산업 기초 토양이 건강해진 후 신약 개발로 가야 한다고 생각했다.

그럼 어느 회사의 신약을 찾아 생산할 것인가? 나는 넥솔바이오텍이 생산할 수 있는 신약 후보 물질을 찾기 위해 서 회장과 함께 전 세계를 다녔다. 아마도 이때 가장 많이 비행기를 탔던 것 같다. 잦은 출장으로 자주 휴강하고 보강하는 식으로 수업을 했음에도 불편을 감수해 준 학생들과 학교 당국에 감사한 마음이 크다.

해외 출장을 자주 다니면서 아주 황당한 일을 경험한 적이 있다. 8월의 더운 여름날이었다. 실리콘밸리를 방문하기 위해 샌프란시스코 공항에 내려서 입국 수속을 밟고 있는데 갑자기 두 명의 경찰이 나에게 다가오더니, 잠깐 조사할 것이 있으니 함께 가자고 했다. 나는 너무 놀랐지만 조용히 따라갈 수밖에 없었다. 나는 이민국에 들어가 3시간 동안 조사를 받았다. 그들의 추궁 요지는 왜 이렇게 실리콘밸리를 자주 오느냐는 것이었다. 그들은 나를 산업스파이로 의심했던 것이다. 나는 스파이가 아니라 교수라고 항변했지만 그들은 교수가 학기 중에 왜 이렇게 다니느냐며 믿어 주지 않았다. 실리콘밸리에서 사업 파트너를 찾기 위해 기업들을 방문하고 있다고 해도 믿어 주지 않았다. 나는 결국 함께 일했던 스탠퍼드대학 메리건 교수에게 도움을 요청했고 그의 보증으로 3시간 만에 풀려날 수 있었다.

넥솔바이오텍은 미국과 유럽을 중심으로 수많은 생명공학 회사들의 신약 개발 프로젝트들을 검토하던 중, 에이즈 백신을 개발하고 있는 벡스젠 VaxGen에 관심을 갖게 되었다. 벡스젠은 세계 최초의 생명공학 회사인 제넨텍이 에이즈 백신 개발과 상업화를 위해 세운 자회사다. 벡스젠은 1983년 에이즈바이러스가 발견되고 불과 2년 뒤인 1985년부터 에이즈 백신 개발에 착수해서 15년간 2조 원이 넘는 개발비를 투자해 연구 개발에 몰두했으며, 당시 임상 1, 2단계를 성공적으로 마치고 마지막 임상 3단계를 진행하고 있었다.

에이즈 백신이 없는 상황에서 전 세계는 벡스젠의 임상실험 결과에 이목을 집중하고 있었다. 만약 벡스젠이 세계 최초로 에이즈 백신 개발에 성공한다면 에이즈 정복에 획기적인 전환점이 될 것이기 때문이다. 아마도 이 백신을 개발한 사람은 노벨상도 받을 수 있는 상황이었다. 말하자면 벡스젠의 이 프로젝트는 세계적인 프로젝트였다.

이러한 이유로 벡스젠이 에이즈 백신 개발에 성공하고 만약 넥솔바이오텍이 한국에서 생산하여 전 세계에 공급할 수 있다면, 말 그대로 대박인 동시에 우리나라 생명공학 산업 발전에 크게 기여할 것이었다.

우리는 벡스젠이 개발한 에이즈 백신을 한국에서 생산하기 위해 협상을 진행하고 싶었다. 하지만 벡스젠은 넥솔바이오텍을 거들떠보지도 않았다. 바이오 사업 경험이 전무한 신생 회사였으니 그들로선 당연했다. 나는 교수라지만 사업 경험이 전무했고, 서 사장은 전문 경영인이지만 생명공학 분야 경험은 전혀 없었다.

벡스젠은 아예 처음부터 우리를 만나려고 하지 않았다. 그들은 한국에서 제품을 생산한다면 이왕이면 대기업과 손을 잡고 싶어 했다. 하지만 서 사장의 도전과 끈기는 역시 달랐다. 만나 주지도 않는 벡스젠에 무작정 가서 문 앞에서 기다리자는 것이었다. 그가 즐겨 하던 말을 하면서. "확률은 100퍼센트가 아니지만 확신은 100퍼센트다." 그는 뼛속까지 앙트레프레너 entrepreneur 즉 모험적인 기업가였다.

그의 말대로 우리는 그냥 태평양을 건너갔다. 만나 주지 않아 벡스젠 로비에서 안내 직원이 주는 회사 안내서만 받고 온 적도 있었다. 서 회장은 돈이 부족해 늘 공항 근처 싼 호텔에 묵었는데 그 호텔이 싼 이유가 있었다. 밤새도록 비행기 소리에 잠을 잘 수 없었던 것이다. 샌프란시스코 공항에서 내가 속이 불편해 아무것도 먹지 못하고 있을 때 어디서 갖고 왔는지 그가 준비한 컵라면에 햇반을 말아 준 그 맛은 지금도 잊을 수가 없다. 그는 나뿐 아니라 함께 일하는 말단 직원까지 그들의 걱정과 고통을 돌아보는 따뜻한 사람이었다. 이것이 회사가 힘들어도 직원들이 그의 리더십을 신뢰하는 이

유이기도 했다.

그는 신뢰를 매우 소중하게 생각하는 사람이었다. 샌프란시스코 출장을 갔을 때였다. 우리가 도착한 다음 날 샌프란시스코 시내에서 벡스젠과 미팅이 있었다. 그런데 우리는 팔로알토에 도착한 후 시차 적응을 못해 새벽 늦게 잠이 드는 바람에 다음 날 오전 9시에 예정된 미팅에 늦을 수밖에 없는 상황이었다. 우리가 출발한 시간은 8시 30분이었고 샌프란시스코까지는 50분가량 걸리니 도저히 약속 시간에 도착하기는 힘들었다. 나는 전화해서 미팅 시간을 연기하자고 했지만 서 회장은 본인이 운전해서 가겠다며 길을 나섰다. 나는 팔로알토에서 살면서 101번 고속도로를 수없이 다녀 보았지만 30분 만에 샌프란시스코에 도착하는 것은 거의 불가능했다. 하지만 그는 대우자동차에 근무할 때 새로 생산된 자동차 성능 시험을 위하여 독일에서 자동차 테스트 운전을 여러 번 해 본 경험이 있다며 운전석에 올랐다.

그 순간부터 나는 평생 경험하지 못한 자동차 주행 경험을 30분 동안 하게 되었다. 어찌나 다리에 힘을 주었는지 자동차에서 내리는데 제대로 걷기조차 힘들었다. 어쨌거나 덕분에 우리는 약속 시간에 당도했다. "약속은 지키기 위해 존재한다"면서 유유히 걷던 서 회장의 모습이 지금도 눈에 선하다.

그즈음 벡스젠이 파트너로 낙점한 한국 대기업과의 협상이 결렬되었다는 소식을 접했다. 이때가 기회라 여기고 서 회장은 인천 송도에 공장 부지를 확보하고 3천억을 유치하겠다고 약속하며 그들을 설득하기 시작했다. 하지만 당시 우리에겐 그만한 자금이 없었다. 그런 와중에 복병이 나타났다.

싱가포르 정부가 나선 것이다.

싱가포르는 정부 차원에서 생명공학 산업을 일으키기 위해 넥솔바이오텍이 구상하고 있는 CMO 비즈니스 모델로 바이오 의약품 생산 산업을 하고자 재무부장관이 직접 협상 대표로 벡스젠과 접촉을 했다. 싱가포르는 매우 우수한 국제적 인프라도 갖고 있었다. 우선 모든 국민이 영어를 사용하므로 미국 기술자들이 와도 생활에 불편함이 없고 자녀들을 보낼 수 있는 국제학교도 많았다. 미국인들은 싱가포르를 살기 좋은 나라로 인지하고 있어서 협상에서 매우 유리한 위치에 있었다. 그들은 또한 벡스젠에게 공장 부지를 제공하겠다고 했다

그에 비하면 인천에는 국제학교도 없고, 외국인이 생활하기 좋은 문화와 교육 시설도 없었다. 오직 유일한 장점이라면, 인천국제공항과 미국 캘리포니아가 멀지 않게 느껴진다는 것이었다. 그리고 싱가포르는 바이오 인력을 비롯한 인프라가 취약한 반면, 한국은 매년 4천 명 정도의 바이오 인력이 대학에서 배출되고 있었고 제약 산업 인프라도 훌륭했다.

서 회장의 협상술은 탁월했다. 당시 최기선 인천시장을 설득하여 송도 매립지에 매우 좋은 조건으로 3만 평의 공장 부지를 확보하고, 인천 시장으로 하여금 직접 벡스젠 관계자들을 인천으로 초청하여 브리핑을 하도록 했다. 아직 땅도 없고 매립 중이라 먼지만 날리는 현장이었지만 인천 시장의 약속은 그들에게 신뢰를 주기에 충분했다. 심지어 당시는 인천공항과 송도 사이에 다리가 없어서 공항에서 송도로 오려면 돌아서 와야 했으므로 시간이 꽤 걸렸다. 서 회장은 최 시장에게 공항과 송도 사이에 다리를 놓아서 공

항에서 내리면 15분 안에 도착하도록 하겠다고 벡스젠 관계자들에게 약속하라고 요청했고 최 시장은 그대로 했다. 실제로 최 시장의 약속대로 다리가 놓였으니 바로 인천대교다.

벡스젠 관계자들이 실사를 왔을 때 시장실에서 브리핑을 마치고 공장 부지를 보여 주기 위해 송도 매립 현장을 갔다. 아직 매립되지 않은 바다를 가리키며 공장을 건설할 자리라며 확신에 찬 목소리로 설명하던 서 회장을 나는 조마조마한 마음으로 지켜보았다. 결국 서 회장의 불도저 같은 추진력과 적재적소에 필요한 상황을 연출하는 동물적 감각으로 벡스젠을 설득하는 데 성공했다. 벡스젠이 에이즈 백신 임상실험을 성공하면 인천 송도에서 백신을 생산하기로 합의를 본 것이다. 확률은 100퍼센트가 아니지만 확신은 100퍼센트라는 그의 신념이 현실로 이루어지는 순간이었다.

그 후 벡스젠을 방문했을 때 벡스젠은 우리를 샌프란시스코 최고의 식당으로 초대했다. 와인 창고 중앙에 딱 하나 있는 테이블에서 식사를 하는데, 음식이 나올 때마다 셰프가 직접 나와 어떤 재료로 어떻게 요리되었는지를 자세히 설명했다. 내 인생에서 잊지 못할 만찬이었다.

◇◇ 쓰레기통으로 버려진 백신

서 회장은 이후 3천억 원을 유치하기 위해 눈코 뜰 새 없이 움직였다.

나도 에이즈 전문가로서 세계 최초로 나올 에이즈 백신을 생산하여 세상에 공급한다는 희망과 기쁨으로 들떠 있었다. 서 회장은 생명공학에 문외한이 었지만 어느덧 생명공학 전문가가 되어 있었다. 그는 매일 아침 남보다 먼저 출근하여 최근 나온 생명공학 관련 논문을 통독할 정도로 학구열과 습득률 이 매우 뛰어났다. 생명공학 전문가들과도 토론할 수 있을 정도로 빠른 시일 에 해박한 지식을 갖추게 된 것이다.

나는 에이즈 전문가로서 벡스젠이 2조 원이 넘는 연구비를 투자하며 15년간 피나는 노력을 통해 임상 1단계와 2단계를 성공적으로 마쳤기에, 당 연히 마지막 임상 3단계가 성공할 것으로 확신했다. 더욱이 이 에이즈 백신 은 세계 최초로 임상 마지막 단계에 와 있는 것이어서 꼭 성공하기를 희망 했다. 아마도 전 세계가 희망하고 있었을 것이다. 넥솔바이오텍으로서도 벡 스젠의 임상실험 성공이 유일한 돌파구였으므로 반드시 성공해야 했다. 미 국식품의약국^{FDA}도 미국에서 나오게 될 세계 최초의 에이즈 백신에 지대한 관심을 보였다. 일반적으로 백신이 FDA의 승인을 받기 위해서는 70퍼센트 의 예방 효과가 있어야 한다. 그러나 벡스젠의 에이즈 백신은 30퍼센트의 효과를 보여도 승인을 받을 수 있을 것으로 기대했다. 그만큼 에이즈가 심각 한 질병이었고 30퍼센트의 사람이라도 구할 수 있다면, 백신이 없는 것보다 는 훨씬 좋다고 본 것이다. 이처럼 에이즈 백신은 전 세계의 간절한 소망이 었다.

그러나 임상실험이 마감되고 통계 처리 결과를 기다리는 중에 실패 할 수도 있다는 불길한 소문이 나돌았다. 그리고 매우 충격적이게도 임상실

험 결과는 실패였다. 한동안 충격에서 헤어 나오기 힘들 만큼 그 실망감은
이루 말할 수 없었다.

그런데 임상실험 결과 자료를 자세히 들여다보니 흥미로운 사실이
눈에 띄었다. 총 8천여 명이 참가한 임상실험에서 백신 효과가 30퍼센트 미
만으로 나왔지만, 미국 흑인 그룹에서는 예방 효과가 59퍼센트로 나왔다. 놀
라운 수치였다. 비록 임상실험에 참가한 흑인 수가 800여 명에 불과했지만
효과는 놀라운 것이어서 연구를 더해 볼 가치가 있어 보였다. 유색 인종만을
위한 임상실험으로 확대한다면 희망적인 결과가 나올 수도 있겠다 싶었다.

하지만 벡스젠 경영진은 사업을 접고 말았다. 이유인즉 임상실험에
서 성공하면 선진국에서는 백신 한 번 맞는 데 150달러 이상을 받고 아프리
카에서는 10달러를 받으려 했기 때문이다. 아프리카에서 아무리 많이 팔아
도 그동안 투자한 2조 원을 회수하기 힘들다는 판단을 한 것이다. 투자한 돈
을 회수하는 것은 물론 이윤까지 창출하려면 백신 판매의 주요 시장이 선진
국이어야 하는 것이다.

이해할 수 있었다. 하지만 사업성이 없다는 이유로 백신이 쓰레기통
으로 버려지는 것은 너무나 충격적이었다. 나는 과학자로서 질병과의 전쟁에
서 인류에게 도움이 되고 싶었다. 과학자가 치료약이나 예방 백신을 개발하
면 질병 퇴치가 이루어질 것이라고 생각했다. 그러나 사업성이 없다는 이유
로 기업인들에 의해 백신 개발이 하루아침에 파기되는 것을 보고 질병 퇴치
는 과학자 혼자 힘으로 되는 게 아니구나 했다. 인류가 싸우는 질병과 맞서려
면 과학자뿐 아니라 기업인과 정치인 등 다양한 분야의 사람들이 반드시 참

여해야 한다는 것을 알게 되었다. 이것이 서 회장과 일하면서 터득하게 된 중요한 교훈이었다. 이 사건은 후에 내가 사회과학을 공부하는 계기가 되었다.

어쨌든 에이즈 백신의 실패로 넥솔바이오텍은 큰 어려움에 처하게 되었다. 그동안 에이즈 백신의 성공을 장담하며 투자 유치를 해 왔는데 투자자들은 물론 투자 예정자들도 등을 돌리기 시작했다. 회사의 부채는 감당할 수 없을 정도로 불어났다. 직원들 월급도 주지 못했고, 견디다 못해 회사를 떠난 직원들이 노동고용부에 회사를 고발해 회사는 풍전등화처럼 위태로웠다. 이렇게 힘든 중에도 서 회장은 혼자 법원을 왕래하며 대응하고 감당했다. 함께 일하는 우리가 가능한 한 스트레스 받지 않고 일에 전념할 수 있도록 배려했다.

나중에 안 사실이지만 서 회장은 당시 회사가 부도 위기에 몰리자 극단적인 생각까지 했단다. 하지만 그를 믿고 투자한 친지들과 친구들 그리고 위기에 빠진 회사를 지키고 있는 동료들을 생각하며 다시 회사로 걸음을 돌렸단다. 출범 이후 가장 최악의 위기를 맞았지만 그는 절대 우리 앞에서 좌절하는 모습을 보이지 않았다.

나는 이때 서정진이란 사람을 다시 보게 되었다. 속이 시커멓게 타들어 가는 상황이었음에도 그의 얼굴은 평소와 다름이 없었다. 아무 일도 없었던 것처럼 평소처럼 하루 종일 웃는 얼굴로 우리를 대했다. 그의 얼굴만 보면 회사가 아무 문제없이 잘 굴러가는 것 같았다.

◇◇ 과학이 경영학을 만났을 때

서정진 회장은 백신 개발에는 실패했지만, 오히려 축적된 백신 기술과 노하우로 좋은 기회를 만들 수도 있다고 생각했고, "실패는 성공을 위한 좋은 백신"이라는 말로 동료들과 직원들을 다독거리며 새로운 차원의 희망을 만들고 있었다. 이 과정에서 어떠한 난관도 두려워하지 않고 극복하는 불굴의 도전정신이라는 기업 문화가 뿌리내리게 되었다.

실패를 두려워하지 않는 서정진 회장 옆에는 시작부터 함께해 온 이근경, 유헌영, 기우성, 김형기, 문광영 등 유능한 동역자들이 있었다. 그리고 무엇보다도 지금은 하늘나라에 가신, 서 회장의 기도하는 어머니 정필순 권사님이 있었다. 아무도 가지 않은 길을 힘들게 개척하고 있는 아들을 옆에서 바라보며, "마음이 괴로워서 여호와께 기도하고 통곡했던 한나"[삼상 1:10]처럼, 그리고 하나님의 사자와 씨름했던 야곱처럼 간절하게 울부짖는 기도를 새벽마다 주님께 드렸다. 어머니의 기도는 그를 한 걸음 한 걸음 앞으로 전진하게 밀어 주는 보이지 않는 힘이었다. 나는 지금도 여의도에 넥솔바이오텍을 개소하면서 드린 창립 예배를 기억한다. 그때 서 회장의 어머니와 목사님이 오셔서 사업 성공을 기원하는 예배를 회사 임직원들과 드렸다. 그때 목사님이 주신 말씀은 이사야서 41장 9-10절 말씀이었다.

"…너는 나의 종이라 내가 너를 택하고 싫어하여 버리지 아니하였다
하였노라 두려워하지 말라 내가 너와 함께함이라 놀라지 말라 나는

네 하나님이 됨이라 내가 너를 굳세게 하리라 참으로 너를 도와주리
라 참으로 나의 의로운 오른손으로 너를 붙들리라."

하나님께서 이미 우리를 택하였으며 절대 싫어서 버리는 일이 없을
것이니 어떠한 어려움이 생겨도 두려워 말고 놀라지 말고, 오직 주님만을 굳
세게 믿고 의지하고 가면 주님께서 이 사업을 도와주고 오른손으로 꼭 잡아
주어 성공할 것이라는 희망의 메시지였다. 나는 이때 이 말씀에 너무 은혜를
받아서 지금도 좋아하는 말씀이 되었다. 예배 후 아들의 사무실에 오셔서 주
님의 말씀은 살아 있어서 운동력과 생명력이 있으니 힘들 때마다 이 말씀을
부여잡고 기도하라고 아들의 손을 잡고 당부하시던 신실한 어머니의 모습
이 지금도 생생하다.

넥솔바이오텍은 에이즈 백신 생산 사업이 좌절된 후 새로운 사업 모
델을 찾기 시작했다. 서정진 회장은 노벨상 수상자 블럼버그 박사와 스탠퍼
드대학교 에이즈 연구소장이던 메리건 교수와 지속적인 만남과 대화를 갖
더니 아직 개척되지 않은 미지의 세계에 눈을 뜨기 시작했다. 바로 바이오시
밀러Biosimilar다.

의약품에는 합성의약품과 바이오의약품Biologics이 있다. 합성의약품은
화학 공정을 통해 빠르고 저렴하게 제조 생산되는 반면, 바이오의약품은 개
발에 신기술이 필요하며 고가의 생산 설비에서 복잡한 과정을 거쳐 생산되
기 때문에 원가가 높다. 바이오의약품은 살아 있는 세포나 단백질, 유전자를
이용해 만들며 합성의약품에 비해 부작용이 적고 효과가 뛰어나다. 주로 류

머티즘성 관절염, 암, 당뇨병과 난치병 질환에 사용된다.

바이오시밀러는 고가의 바이오의약품을 복제한 약이다. 사람이나 동물 세포로 만든 단백질을 원료로 하는 바이오 복제약^{바이오시밀러}은 분자 구조가 복잡하기 때문에 화학물질 합성으로 만드는 기존 복제약보다 개발과 생산이 훨씬 어렵다. 하지만 암, 류머티즘성 관절염 같은 난치성 질환에 주로 사용하며 오리지널 의약품보다 값이 30~40퍼센트 싸다. 이렇듯 바이오시밀러는 오리지널 바이오의약품과 동등한 치료 효과를 가지고 있으면서도 더 낮은 가격으로 더 많은 환자에게 치료 혜택을 제공함으로써 사회 경제적 혁신을 이룬 의약품이다.

서정진 회장은 머지않아 블록버스터 바이오의약품의 특허 만료가 이어질 것을 간파하고, 미래 바이오시밀러 사업이 무한한 가치로 떠오를 것이라 예견했다. 이때부터 셀트리온이라는 거대한 스토리가 시작되었다. 하지만 어느 누구도 대한민국 최초의 글로벌 생명공학 기업이 그의 손에 의해 탄생하게 될 줄은 예상하지 못했다.

벡스젠은 에이즈 백신 개발은 실패했지만 동물 세포를 이용한 단백질을 대량으로 생산하는 기술을 갖고 있었다. 벡스젠의 이 같은 기술을 이용해 바이오시밀러를 생산하는 사업 계획이 탄생했다. 서 회장은 2400억 원의 투자 유치에 성공하며 벡스젠, 담배인삼공사 그리고 홍콩에 기반을 둔 J. Stephen & Company와 합작회사를 만들어 대한민국 최초의 바이오의약품 개발 생산 기업 출범을 가시화했다. 송도 신도시에 공장 부지를 마련했는데, 인천시의 바이오벤처 지원 정책에 따라 무상으로 사용할 수도 있었으나 서정진 회장은 멀리 보고 3만 평 규모의 부지를 돈을 주고 매입했다. 미래를 내다보는 서 회장의 통찰력이 발휘된 순간이었다.

이렇게 해서 2002년 2월 한국 최초의 바이오시밀러 생산 시설을 갖춘 셀트리온이 탄생하게 되었다. 서정진이라는 사람이 없었다면 셀트리온은 없었을 것이다. 그가 있었기에 한국에도 세계에 내놓을 수 있는 글로벌 생명공학 회사가 탄생하게 되었고 바이오를 전공하는 우리의 젊은이들을 위한 직업 창출이 가능하게 되었다. 나도 생명과학 교수로서 우리나라 글로벌 생명공학 산업의 탄생 과정에 참여했다는 사실이 자랑스럽고 보람된다.

2002년 셀트리온의 탄생과 성공에 이어 삼성도 2011년 4월 삼성바이오로직스를 출범하여 바이오시밀러 사업에 뛰어들었다. 이로써 한국의 바이오산업 규모가 더 커지게 되었다. 한국은 반도체, 자동차, IT, 정보통신, 건설, 조선 등이 경제의 축을 이루는 기존의 산업구조를 바꿀 새로운 출구를 찾고 있었다. 이제는 바이오 복제약 분야 세계 1위 기업이 된 셀트리온이 그 창구 역할을 할 것으로 기대되며 바이오산업은 한국 경제의 신성장 동력이 될 것이다.

하나님은 생명과학 교수인 나의 인생에 서정진 회장을 등장시켜 학교에서 배울 수 없는 너무나 귀하고 값진 것들을 가르쳐 주셨다. 나는 교수가 된 뒤 학교에서 후학을 가르치고 연구하는 일만 했다. 하나님은 내게 서 회장을 만나게 하심으로 매일 숨 막히게 돌아가는 시장경제와 기업 운영의 현장을 경험하게 하셨다. 나는 매달 직원들에게 월급을 주어 생계를 이어 가도록 하는 일이 얼마나 숭고한 일인지, 수시로 도전과 경쟁, 위기가 닥치는 기업 환경에서 리더의 역할이 얼마나 중요한지를 배웠다. 리더의 인내력과 포용력, 위기 대처 능력, 추진력, 경영 리더십이 무엇인지 서 회장을 통해 배우고 익혔다.

또한 과학자가 발견한 지식이 어떻게 상업화되어 사람들에게 혜택을 주고 더 나아가 국가 경제에 기여하는지도 현장을 통해 체득하게 되었다. 과학자는 과학적 원리를 발견하기 위해 노력하는 사람이기 때문에 경제 현장에서 과학이 상업화되는 과정을 경험하기는 힘들다. 그런 내게 서 회장은 과학이 경영학을 만날 때 어떠한 가치가 창출되는지를 몸소 보여 주었다.

내가 무엇보다 서정진 회장에서 감동한 것은, '나'를 버리고 '우리'가된다면 못 넘을 장애물이 없다는 신념으로 위기를 기회로 바꾸는 것이었다. 그의 경영 철학의 핵심은 '우리'였다. 그는 함께 기업을 키워 가는 사람들의 중요성을 알고 있었다. 기업은 혼자서는 성공할 수 없다는 것도 알고 있었다. 그렇기에 그는 함께 일하는 사람들 한 사람 한 사람을 소중하게 여겼고, 그들이 행복한지, 건강한지, 가족들은 안녕한지, 무엇이 힘든지 늘 관심을 가졌다. 셀트리온의 성공은 내가 아닌 '우리'가 했다고 말하는 그로부터 나는 '우리'의 중요성을 배웠다.

부모에게 물려받은 재산도 없었고, 생명공학을 전공하지도 않았지만, 그는 대한민국 최초의 글로벌 생명공학 기업을 탄생시켰다. 나는 그런 그가 너무나 자랑스럽다. 서정진 회장은 셀트리온에 따라다니던 물음표를 느낌표로 바꿔 놓은 사람이다.

◇◇ 에드나 어머니, 하늘나라로 가시다

2001년 7월 에드나 어머니의 편지가 도착했다. 하지만 이 편지는 어머니가 내게 보내는 마지막 편지가 되고 말았다. 내게 편지를 보내고 한 달 뒤인 8월 31일에 에드나 어머니는 하늘나라로 가셨다. 어머니는 19세기 말인 1897년 8월 11일에 태어나서 20세기를 온전히 사신 후 21세기가 들어서는 감격을 맛본 뒤 주님 곁으로 가셨다.

"너희는 그 은혜에 의하여 믿음으로 말미암아 구원을 받았으니 이것
은 너희에게서 난 것이 아니요 하나님의 선물이라"(엡 2:8).

에드나 어머니의 삶은 이 말씀 자체였다. 어머니는 하나님이 주신 구원이라는 선물에 대해 무한한 감사로 인생을 사셨다.

"우리는 그가 만드신 바라 그리스도 예수 안에서 선한 일을 위하여
지으심을 받은 자니 이 일은 하나님이 전에 예비하사 우리로 그 가
운데서 행하게 하려 하심이니라"(엡 2:10).

에드나 어머니는 우리가 주님 안에서 선한 일을 위하여 지으심을 받았다는 사실을 삶으로 보여 주셨다. 어머니는 45년간 내게 선한 영향을 미치신 분이었고, 남을 돕기 위해 부자가 되기까지 기다리지 않으셨다. 어머니

는 평생 비행기 한 번 타 본 적이 없었고 나이가 들어서는 동네 편의점에서 일했다. 그러면서도 기꺼이, 그리고 너무나 당연하게 남을 도왔다.

God loves you. Trust His love. I pray for you.

이 글은 어머니가 내게 처음 편지를 보냈을 때부터 돌아가시기 직전까지 해 준 귀한 말씀이다. 에드나와 함께한 45년은 주님이 주신 감당할 수 없이 넘치는 축복이었다!

"어머니 감사했어요. 어머니 사랑의 햇빛에 싸여서 오늘의 제가 있습니다. 45년간 매달 미국에서 배달된 어머니의 편지, 이제는 매일 하늘에서 오고 있어요. 어머니의 사랑 귀하고 귀했습니다. 무언가를 사랑할 수 있는 것이 얼마나 큰 축복인지 알게 되었어요. 어머니가 제게 그런 것처럼 저도 어려운 사람을 덮는 따스한 이불이 될게요. 이제 남은 시간 어머니와 함께할 수 없지만, 나중에 하늘에서 만나면 같이 살아요."

하나님께서 세상의 미련한 것들을 택하사

지혜 있는 자들을 부끄럽게 하려 하시고

세상의 약한 것들을 택하사

강한 것들을 부끄럽게 하려 하시며(고전 1:27)

Part 3

사명

나는 하나님의

선한 영향력이 되련다

_____
_____
_____
_____
_____
_____

"왜 하버드 케네디스쿨에 가려 하나요?"

"너는 너의 고향과 친척과 아버지의 집을 떠나 내가 네게 보여 줄 땅
으로 가라"(창 12:1).

서정진 회장과 함께 기업을 창업하는 경험을 한 후 나는 이전과 너무
달라져 있었다. 나는 더 이상 평범한 생물학 교수가 아니었다. 나의 심장은
뭔지 모르지만 다른 세계를 향해 강하게 뛰고 있는 것 같았다.

블럼버그 박사는 스탠퍼드대학과 실리콘밸리에서 과학, 뀡지, 경제
분야의 사람들을 만나게 해 주어 내가 새로운 세상에 눈을 뜨도록 이끌어

주었다. 그리고 서정진 회장은 비즈니스 세계를 직접 경험하게 해 주었다. 학교에서는 절대로 배울 수 없는 경험이었다.

그러나 무엇보다 아프리카 흑인들에게 매우 효과가 높은 백신을 개발했음에도 수익성이 맞지 않는다는 이유로 백신을 폐기하는 것을 보고 과학자로서 자괴감을 느끼지 않을 수 없었다. 치료가 필요한 사람이 눈앞에 있는데도 치료약이 너무 비싸 아프리카 사람들이 치료 혜택을 받지 못하는 냉혹한 현실을 어떻게 받아들여야 할지 당황스러웠다. 에이즈를 전공하고 에이즈 퇴치를 간절히 염원한 나는 앞으로 무엇을 해야 하나? 자연과학자인 내가 어떻게 기업인, 정치인을 비롯한 세계의 나라들을 에이즈 퇴치 노력에 동참시킬 수 있을 것인가? 과연 나는 그런 일을 할 만한 훈련이 되어 있는가? 나는 나 자신에게 끊임없이 질문했다.

또한 나는 셀트리온 창업 과정에 참여하면서 소중한 교훈을 얻었다.

사람들이 과학기술의 혜택을 받기 위해서는 과학자가 발견한 것이 상업화되어야 한다. 즉 치료약이나 백신이라는 상품으로 시장에 나와야 사람들이 혜택을 받게 된다. 다시 말해 과학자는 연구를 통해 인류에 공헌할 만한 발견을 하고 발명을 할 수 있지만, 그것을 상품화해서 사람들에게 실질적인 혜택을 줄 수 있는 것은 과학자의 몫이 아니다. 그것은 기업이 나서야 한다.

과거 김대중 정부 시절 벤처기업 육성 조성 정책으로 한때 벤처기업 붐이 일어난 적이 있다. 이때 성공한 기업도 있지만 많은 기업이 실패했다. 여기에는 여러 가지 이유가 있겠지만 나는 교수가 개발도 하고 CEO를 한 게 원인이라고 진단한다. 좋은 기술만 있으면 알아서 팔릴 거라고 생각하지만 그렇지 않다. 좋은 기술을 상품화해서 시장에 내놓아 소비자들이 사도록 만드는 것은 연구만 한 과학자가 할 일이 아니다. 전문 경영인이 해야 한다.

셀트리온 창업 과정에서 서정진 회장이 기업 경영을 하는 현장을 목격하면서 과학적 지식만으로 무장된 과학자가 감당하기에는 힘든 역할이 있음을 알게 되었다. 이때 나는 전문 경영인과 과학자의 간극이 몹시 크다는 것을 깨달았다. 전문 경영인은 과학을 잘 모르고, 과학자는 경영을 잘 모르는 것이다. 그래서 만약 전문 경영인이 과학을 좀 더 알고 있고, 과학자가 경영을 좀 더 알고 있다면 기업 창업이나 경영이 더 잘될 수 있겠다는 생각을 했다. 또한 내가 사회과학적인 사고와 논리로 무장한다면 기업인들과 정치인들을 설득해 에이즈 퇴치를 좀 더 빨리 앞당길 수 있지 않을까 싶었다.

셀트리온 창업 과정에 참여하면서 과학기술을 통해 만들어진 제품들이 국가 경제를 끌고 가는 주력 산업임을 알게 되었다. 반도체, 자동차, TV, 냉장고, 컴퓨터, 정보통신, 스마트폰, 조선, 건설 등이 바로 대표적인 과학기술을 통한 산업이다.

나는 '지식의 상업화' 과정을 더 공부하고 이해해서 학생들에게 지식의 발견뿐 아니라 상업화 과정까지 가르치고 싶었다. 학생들이야말로 한국의 생명공학 산업 발전에 기여할 인재요 리더들이기 때문이다.

나는 자연과학을 넘어 사회과학을 공부하고 싶은 나의 열망이 하나님이 주신 것인지 단지 내 개인의 열망인지 알고 싶어 오랜 시간 기도했다. 그런데 기도하면 기도할수록 새로운 분야에 도전하고 싶은 열망이 더 뜨거워졌고, 그래서 나는 잠시 교수직을 내려놓고 다시 학생으로 돌아가 유학을 가기로 결정했다.

　미국에서는 하버드대학 케네디스쿨^{Harvard Kennedy School of Government}이, 영국에서는 런던정경대학^{London School of Economics and Politics}이 내가 필요로 하는 좋은 프로그램을 갖고 있었다. 두 곳 모두 정치 경제 분야에서 미국과 유럽을 대표하는 최고의 대학들이었다. 주님께 좋은 곳으로 인도해 달라고 간구했고, 마침내 하버드대학 케네디스쿨에 도전하기로 결정했다.

　케네디스쿨은 전 세계적으로 동문 네트워크가 많고 잘되어 있는 곳이다. 이곳에서 수많은 정치 지도자들이 배출되기도 했다. 케네디스쿨은 이론도 가르치지만 경제, 경영, 행정을 비롯한 협상술, 리더십 등 실전에 필요한 교육을 하기로 유명하다. 나는 사회과학으로 학자가 되는 게 목표가 아니었으므로 현장 교육 중심의 케네디스쿨이 내게 더 적합하다고 판단했다.

　나는 블럼버그 박사와 메리건 교수를 만나 그들의 생각을 듣고 싶었다. 아울러 케네디스쿨 지원을 위한 추천서도 부탁하고 싶었다. 그리하여 스탠퍼드대학 정문 바로 앞에 있는 맥아더파크^{McArthur Park}에서 그들과의 만남이 이뤄졌다. 맥아더파크는 셀트리온 창업을 위해 이들의 자문을 구하러 자주 왔던 식당이었다. 2차 세계대전 때 군인들의 물자를 보관하던 창고를 식당으로 개조한 곳으로 나는 특히 이곳의 양고기를 좋아했다. 내 설명을 듣고 나서 두 분은 놀랍게도 케네디스쿨이야말로 내게 가장 적합한 곳이라면서 기꺼이 추천서를 써 주겠다고 했다. 두 분의 적극적인 지지는 새로운 세계에 도전하고자 하는 나의 계획을 확고하게 만들었다.

　그런데 문제가 생겼다. 나의 요건이 하버드 케네디스쿨에 지원할 자격이 안 되었던 것이다. 케네디스쿨에 지원하려면 우선 학부 과정에서 경제, 경영, 행정 등의 학점을 일정 정도 취득해야 하는데 공학도인 내겐 사회과학 과목 학점이 아예 없었다. 그래서 사회과학 과목들을 정식으로 수강해야 했다. 하지만 나는 내가 근무하는 건국대학교에서 과목들을 수강하고 싶지 않았다. 동료 교수들은 물론 학생들도 불편할 것이고, 내가 엉뚱한 분야를 공부한다는 사실이 학교에 알려지는 것도 부담스러웠다. 그래서 나는 마침 생물학 겸임교수로 있는 미8군에 있는 메릴랜드대학에서 과목들을 수강하기로 했다. 그렇게 해서 미시경제학, 거시경제학, 경영학, 행정학, 사회학, 심리학 등 사회과학 기초 과목들을 2년간 수강해서 하버드에서 요구하는 기본 학점을 채울 수 있었다. 요구한 토플 점수도 최소한으로 득점해 통과할 수 있었다.

◇◇ 1억 원을 어떻게 마련할 것인가?

하버드 케네디스쿨에 가기 위해 사회과학 학점이나 토플 점수보다 더 어려운 진짜 높은 장벽이 나를 기다리고 있었다. 돈이었다. 등록금과 생활비 등 모든 경비를 합하여 1년에 1억 원가량이 필요했다. 아내가 반대하고 나섰다. 1억 원이라는 돈도 없지만 있다고 해도 이제는 아이들 교육에 투자해야 할 때라는 것이었다. 맞는 말이었다. 자녀들한테 들어갈 돈으로 내가 공부한다는 게 염치없는 일이었다.

그런데 참으로 기이한 일이 일어났다. 케네디스쿨은 다른 학교에서는 요구하지 않는 것을 내게 요구했다. 학비와 생활비를 포함해 1년에 총 1억 원가량이 드는데 이 경비를 전액 기부금으로 충당하라는 것이었다. 그러면서 기부자들에게서 기부 약정서를 받아 입학 지원서에 첨부하여 제출하라고 했다. 훗날 동문들과 대화하던 중 이 기부금 약정서는 다른 학생들한테는 요구하지 않았다는 걸 알게 되었다. 나는 케네디스쿨이 리더들을 양성하는 곳이라 자기 돈으로 공부하는 사람보다 후원금을 모금할 정도의 능력을 가진 사람을 뽑는 것으로 생각했으나, 케네디스쿨은 지원자마다 맞춤형 요구를 한 것이었다.

그런데 1억 원이라는 기부금을 어떻게 마련한단 말인가? 남의 돈, 그것도 대출이 아닌 순수한 기부금을 선뜻 내 줄 기부자들을 어디서 구한단 말인가?

부모님은 나의 새로운 도전을 적극 지지한다면서 새벽마다 기도할 뿐 아니라 일주일에 하루 금식기도까지 해 주었다.

나는 일단 그동안 살면서 알게 된 모든 인간관계를 활용하기로 했다. 가까운 사람들을 만나 나의 계획을 설명하고 주변에 나를 도와줄 사람들을 소개해 달라고 했다. 친구들은 자신이 아는 사람들을 소개했고, 또 그들은 다시 그들의 지인을 소개하는 방식으로 후원금을 모금하기 시작했다. 하지만 후원금 모금은 셀트리온을 설립하기 위해 3천억 원의 투자금을 유치하는 것보다 더 어려웠다. 기업에 투자하는 사람들은 기업이 성공하면 돈을 더

벌 수 있다는 희망이 있다. 그러나 후원금은 회수할 기대 없이 그냥 후원하는 것이므로 쉽지 않았다. 지인들을 통해 만나게 된 사람들은 하나같이 "내가 왜 당신을 후원해야 하느냐"고 물었다. 따지고 보면 내가 공부하고 싶어서 유학을 떠나는 것이라면 내 돈 들여 공부하는 것이 당연했다. "당신은 교수라는 좋은 직업을 갖고 있으면서 왜 내게 후원을 요구하느냐?"는 그들의 질문에 만족할 만한 답변을 줄 수 없었다. 그들로서는 대학교수인 내가 다시 공부하겠다고 유학을 떠나는 것이 사치처럼 여겨졌을 것이다.

나는 전혀 다른 패러다임으로 접근해야 했다. 후원자들을 투자자 입장에서 바라보기로 했다. 셀트리온 창업 과정에서 익힌 투자 유치 전략과 똑같은 개념으로 접근하기로 한 것이다. 만약 후원자들이 사업에 투자하는 투자자라면 어떤 생각으로 나에게 투자할 것인가를 생각했다. 나 혼자 잘 먹고 잘살려고 공부한다고 생각하는 한 후원금 유치는 불가능했다. 그래서 내 입장이 아니라 그들 입장에서 생각해 보기로 한 것이다.

나는 먼저 후원금 유치 계획서를 만들었다. 내가 후원자로서 누구를 후원한다면 어떤 기준으로 후원을 결정할지 생각하며 계획서를 준비했다. 첫째는 보람을 느낄 수 있어야 한다. 둘째는 나의 유학이 후원자들에게 어떤 이득을 돌려줄 것인가를 설명해야 한다. 나를 후원하는 것이 사회단체에 후원하는 것과 동일한 효과 혹은 그 이상의 효과를 가져온다는 것을 설득해야 하는 것이다.

나는 하버드 케네디스쿨 공부 목적을 '더 좋은 세상을 만들기 위하여'Make the world a better place!로 잡았다. 나는 케네디스쿨에서 배운 것을 가지고

나 자신의 부귀영달을 위하여 사용하지 않고 어려운 이웃을 위하여 사용하
겠다고 설득했다. 후원자가 할 수 없는 선한 사업을 내가 대신해 주겠다고
했다. 에이즈 퇴치에 앞장서겠다고 했다. 교수로서 학생들을 가르치고 연구
를 통하여 논문을 발표하는 것으로는 에이즈를 퇴치할 수 없으니 과학자로
서 에이즈 퇴치를 위한 실질적인 방법을 강구하겠다고 했다.

　　이를 위해 케네디스쿨에서 정치, 경제, 리더십 등을 공부하고 훈련해
서 국제 무대에서 정치인과 기업인, 그리고 국제기구 리더들과 일할 수 있는
역량을 키우겠다고 설명했다. 나는 그들에게 어려운 사람들을 직접 도와주
는 것도 후원이지만, 이처럼 사람을 키워서 그 사람으로 하여금 많은 어려운
사람들을 돕게 하는 것도 새로운 차원의 후원 행위라는 것을 설득시켰다.

　　그리고 그들 개인들에게 해 줄 수 있는 맞춤형 보답을 제안했다. 나
는 지인이 지인을 소개하고 그 지인이 다른 지인을 소개하는 방식으로 200
여 명을 만났다. 그중에는 기업인도 있었고 부산 자갈치시장에서 빈대떡 장
사를 하는 할머니도 있었다. 나는 이 잠재적인 후원자들의 개인 사정을 이해
하기 위해 정보 수집을 최대한으로 했고, 그들의 필요를 파악해서 접근했다.

　　한번은 부산에서 어느 기업인을 만났지만 후원 약속을 얻어 내지 못
하고 돌아가는 길에 국제시장에 들러 빈대떡을 먹고 있었다. 주인 할머니가
여긴 무슨 일로 왔냐고 해서 자초지종을 설명하니 할머니께서 선뜻 10만 원
을 내놓으며 나를 위해 후원하겠다고 했다. 나는 너무 놀라 그러실 필요 없
다고 했지만 할머니는 극구 후원하고 싶다며 내게 내민 손을 거두지 않았다.
할머니의 그 10만 원은 내게 천만 원보다 큰 돈이었다. 나는 지금도 가끔 할

머니께 전화 드려 안부를 묻곤 한다.

서울 가락시장에서 회를 파는 분도 후원해 주었는데, 조금 있으면 외아들이 장가를 간다고 해서 주례를 서 주고 평생 아들의 멘토가 되겠다고 약속하고 후원금 600만 원을 받았다. 약속대로 나는 가끔 아들 부부를 만나 조언도 해 주며 지내고 있다.

나는 이런 식의 맞춤형 제안으로 전국 33명의 후원자들로부터 1억 천만 원의 후원금을 만들 수 있었고 케네디스쿨에 기부금 약정서를 제출하게 되었다. 그중 가장 큰 후원자는 셀트리온 서정진 회장이었다. 서 회장은 나의 결정을 적극 지지해 주면서 공부 많이 하고 오라고 격려해 주었다. 하지만 당시 서 회장은 재정적으로 힘든 상황이었다. 그럼에도 기꺼이 내게 후원금을 제공해 주었다.

전국을 다니며 후원자들을 만나 후원금을 받아 내는 일은 정말이지 도전이었다. 열심히 일해서 번 돈을 가족도 아닌 나에게, 그것도 이미 교수가 된 사람을 위해 쓴다는 것은 정말 대단한 용기가 필요한 일이다. 그 용기를 낼 수 있도록 이끄는 것은 내 몫이었다.

후원자를 만나고 설득하는 과정에서 나는 내가 공부해야 하는 이유를 좀 더 깊이 고민하게 되었고 좀 더 좋은 세상을 만드는 일에 쓰임 받고자 하는 열망이 더 커졌다. 시장에서 빈대떡을 파는 할머니의 돈까지 후원 받아 공부하는 만큼 무엇보다 그들이 나를 후원한 것에 대해 보람을 느끼도록 해야 한다는 부서운 책임감을 느꼈다.

"우리는 그가 만드신 바라 그리스도 예수 안에서 선한 일을 위하여 지으심을 받은 자니 이 일은 하나님이 전에 예비하사 우리로 그 가운데서 행하게 하려 하심이니라"(엡 2:10).

"너희 빛이 사람 앞에 비치게 하여 그들로 너희 착한 행실을 보고 하늘에 계신 너희 아버지께 영광을 돌리게 하라"(마 5:16).

◇◇ 다시 학생이 되다

입학지원 서류를 제출하고 나서 케네디스쿨에서 연락이 왔다. 입학사정관이 한국에 가니 면접시험에 참여해야 한다고 했다. 나중에 안 사실이지만 하버드대학은 모든 지원자를 직접 만나 면접을 하고 최종 결정을 내린다고 한다. 나는 남산에 있는 힐튼호텔 컨퍼런스룸에서 면접을 봤다.

먼저 필기시험을 보았는데 시험 문제가 매우 독특했다. 멕시코 경제에 관한 두툼한 자료를 주면서 '멕시코 경제가 매우 어려워지고 있다. 만약 당신이 멕시코 대통령이라면 어떻게 경제를 다시 살리겠는가'가 문제였다. 물론 정답은 없었지만 내가 어떻게 접근하는지 나의 전략적 사고를 테스트하는 것이었다. 1시간이 주어졌다. 나는 옆방으로 가서 제공된 많은 자료를 검토하고 답변을 쓰기 시작했다. 그런 다음 면접관과 나의 답변을 가지고 토론했다. 면접관은 내게 말을 참 잘한다면서 토론이 재미있었다고 했다.

면접관이 돌아가고 4월에 합격통지서를 받았다. 드디어 하버드대학 케네디스쿨의 학생이 된 것이다.

그런데 입학하기 2개월 전의 어느 날 케네디스쿨에서 소포가 도착했다. 열어 보니 수학 문제 500개가 있었다. 오기 전에 다 풀어 오라는 것이었다. 행정대학원에서 공부하는데 왜 난데없이 수학 문제를 풀라는 것일까. 하지만 입시 공부한 지 30여 년 만에 대하는 수학 문제인지라 한 문제도 풀 수 없었다. 물리학과 친구 교수를 찾아가 도움을 요청했더니 그는 이렇게 흥미로운 문제는 처음 본다며 기꺼이 나를 도와주었다. 이렇게 숙제까지 마친 뒤 나는 49세의 나이로 유학길에 올랐다.

하지만 입학한 후에도 이상한 일이 또 있었다. 첫 학기 동안 경제학과 수학만 수강하게 한 것이다. 경제학은 알겠는데 왜 수학이지? 더구나 수학 문제들이 학교에서 배운 것과는 너무 달랐다. 문제 유형은 이런 식이었다. '자동차 보험에 가입하는 것이 좋은지, 아니면 자동차 보험에 가입하지 않고 사고 날 때마다 벌금을 내는 것이 경제적으로 더 유리한지 수학적으로 풀어 보라.'

나는 수학이 이렇게 재미있는 학문인 줄 처음 알았다. 수학은 이론에 불과하다고 생각했는데 우리 실생활에서 수학으로 풀 수 있는 것들이 이렇게 많다는 데 놀랐다. 그리고 첫 학기가 끝날 무렵 학교에서 왜 수학과 경제학만 공부하게 했는지 이해했다. 굳어진 내 머리를 다시 논리적으로 공부할 수 있는 머리로 바꿔 준 것이다.

우리나라 대학에서도 전공에 관계없이 모든 학생들이 수학과 경제학을 공부할 수 있도록 하면 좋겠다. 모든 사람은 전공에 관계없이 경제 활동을 하기 때문에 경제를 알아야 한다. 또 우리가 일상으로 하는 모든 경제 활동을 보다 효율적으로 하려면 수학을 알아야 한다.

처음 유학 갔을 때도 한국에서 공부한 것이 전혀 도움이 되지 않았던 것처럼, 한국에서 2년간 공부한 기초 사회과학은 케네디스쿨에서 별로 도움이 되지 않았다. 무엇보다 나는 어린 학생들과 공부했다. 더구나 그들은 학부에서 경제, 경영, 행정, 정치 등의 사회과학 분야를 전공한 학생들이었다. 하버드, 스탠퍼드, MIT, 프린스턴 등 명문 대학 출신이라서 그런지 어린 학생들이 참 똑똑했다. 나이도 많고 전공도 자연과학인 내가 명석한 그들과 같이 공부하려니 쉽지 않았다. 아니 정말 힘들었다.

자연과학은 실험 결과로 나온 명확한 데이터를 가지고 분석을 하면 되는데, 사회과학은 일단 어마어마한 분량의 자료와 논문을 읽어야 했다. 자연과학은 하나의 원리를 깨닫는 것이 중요한데, 사회과학은 많은 자료를 빠른 시간에 속독하는 기술이 필요했다. 매일 300쪽 이상의 자료를 읽고 가야 했다. 그러나 나는 그런 훈련이 안 되어 있었다. 그리고 토론이 매우 중요했다. 자연과학은 조용히 앉아서 실험을 하고 데이터를 만들어 내는 과정이 매우 중요하다. 그리고 분명한 답이 있다. 그러나 사회과학은 답도 없고 자기 생각이 정답인 것처럼 표현하고 주장하는 것이 중요했다. 물론 나는 그런 훈련을 받지도 않았고 말을 그렇게 빠르게 또한 오래 토론하는 훈련을 받아 본 적이 없다.

"하버드 입학을 축하한다. 여러분은 최고의 학생이다. 하버드 입학은 매우 어렵다. 경쟁률이 매우 높다. 그러나 졸업은 모두 할 수 있다."

입학식에서 학장이 한 말인데 정말 모두 졸업할 수 있을까 걱정이 되었다. 나처럼 나이도 많고 수업을 따라가기 어려운 학생에게는 매우 반가운 소식이긴 했다. 하지만 학장의 이 말은 실력이 없어도, 공부를 안 해도 졸업을 할 수 있다는 말이 아니었다. 그만큼 공부를 시키겠다는 말이었다.

나는 컴퓨터 다루는 솜씨도 매우 서툴렀다. 그동안 조교의 도움을 받아 컴퓨터를 사용했는데 여기서는 부탁할 사람이 없으니 무조건 내가 해야 했다. 다양한 컴퓨터 프로그램들을 익혀서 공부해야 하는데 나로선 역부족이었다. 담당 교수를 만나 어려움을 호소했더니 나를 도와줄 수 있는 사람을 배당해 주었다. 그는 컴퓨터실에서 나를 개인적으로 만나 수업을 따라갈 수 있을 만큼 컴퓨터를 가르쳐 주었다.

수업 내용도 따라가기 어려웠다. 학교는 나처럼 학습이 부진한 학생들을 도와줄 수 있는 조교를 두어서 정해진 시간에 가면 언제든지 도움을 받도록 해 주었다.

모든 교수의 강의는 녹음이 되었고 도서관에서 언제든지 다시 들을 수 있도록 배려해 주었다. 또 도서관에서 새벽까지 공부하다가 학교에 전화하면 차를 보내 주었다. 하버드가 왜 등록금이 비싸고 최고의 교육 기관인지 알 수 있는 대목이다.

입학은 어려워도 졸업은 모두 시킨다는 말은 그래서 나온 말이었다. 모든 학생을 하버드가 요구하는 수준으로 끌어올려 졸업시키겠다는 의미였던 것이다.

케네디스쿨은 미래 리더들을 양성하는 곳이고, 리더들이 되고 싶은 사람들이 전 세계에서 모여드는 곳이었다. 그런 만큼 하버드 케네디스쿨은 정치, 행정, 경제, 리더십, 협상, 대통령학, 정부학 등 다양한 교육을 제공할 뿐 아니라 다양한 분야의 세계적 리더들을 만나게 해 주었다. 특히 케네디스쿨 케네디 포럼이 유명한데, 세계를 움직이는 리더들이 와서 강연을 하고 학생들과 질의응답을 하는 프로그램이다. 빌 클린턴 전 대통령, 코피 아난 전 유엔 사무총장, 빌 게이츠, 하원 의장, 이스라엘 대통령 등 다양한 지도자들이 이 포럼에 강연자로 섰다. 흥미로운 것은 세계적 지도자들도 앞다투어 케네디 포럼에서 강연하고 싶어 한다는 점이었다.

◇◇ **아들과 함께한 소중한 시간**

케네디스쿨 유학은 나에게 또 다른 의미가 있었다. 유학을 떠나기 전 어느 날 밤 곤히 자는 중학생 아들 성만이를 가만히 들여다보고 있었다. 갑자기 아들과의 추억이 별로 없다는 생각이 들었다. 그동안 아들 성만이와 많이 놀아 주지 못했다는 자책도 밀려왔다. 아들이 자고 있는 새벽에 출근해서 다시 아들이 자고 있는 밤늦게야 귀가했으니 눈조차 마주칠 일이 별로 없었다. 주말에도 부족한 잠을 보충하느라 아들과 놀아 주지 못했다. 이대로 유학을 떠나면 아들은 어느덧 훌쩍 자랄 것이고 그러면 정말 부자지간에 아무런 추억도 없겠구나 싶었다.

아내도 직장생활을 했으므로 가족이 함께 미국으로 나갈 수는 없었다. 더 늦기 전에 아들만이라도 데리고 나가 둘만의 추억을 만들고 싶었다. 아직 중학생이라 대학 입학과 연계할 수 있는 것도 아니어서 적당한 시기가 아니라는 아내의 말도 있었지만 고민 끝에 아들과 함께 나가기로 했다.

우리는 케네디스쿨 기숙사인 피버디 테라스Peabody Terrace에서 찰스 강이 내려다보이는 전망 좋은 9층에 머물렀다. 발코니에서 조깅을 하고 카누를 즐기는 사람들을 내려다보고 계절에 따라 시시각각 옷을 갈아입는 아름다운 풍경을 바라보는 것은 정말 행운이었다. 찰스 강 건너에는 하버드경영대학원이 있었다.

아들과 나는 같은 침대에서 함께 자고 함께 아침을 먹고 저녁을 위해 외식을 했다. 저녁엔 내가 식사를 차릴 시간이 없었으므로 월요일은 이탈리아 식당, 화요일은 베트남 식당, 수요일은 중국 식당, 목요일은 일식당, 금요일은 한국 식당, 토요일은 태국 식당… 학교 주변의 식당들을 섭렵했다. 인도 음식의 매운 맛과 커리를 좋아해서 인도 식당도 즐겨 갔다. 나중엔 식당 웨이터들과 친해져서 우리가 가면 알아서 음식을 갖다 주곤 했다. 특히 태국 식당의 '옹'이라는 웨이터는 자기가 알아서 메뉴를 선정해 갖다 주었고 디저트도 챙겨 주었다. 나는 개인적으로 '피노키오'라는 이탈리아 피자집을 좋아했다. 그리고 아침에 일어나 잠이 덜 깬 상태로 던킨도너츠에 들러 뜨거운 아메리카노와 도넛을 먹는 것을 참 좋아했다. 지금도 아들은 그때가 좋았다고 말한다.

아들은 매일 3시쯤 학교 수업을 마치면 아무도 없는 기숙사로 돌아가는 대신 케네디스쿨 도서관에서 공부하며 나를 기다렸다. 우리는 저녁식사를 한 뒤 하루 24시간 개방하는 하버드 라몬트Lamont 도서관으로 향했다. 아들은 숙제와 공부를 하고 시간이 남으면 책상에 엎드려 자기도 하고, 돌아다니며 조용히 놀기도 하고, 도서관에 있는 비디오를 빌려 영화를 보기도 했다. 우리는 매일 새벽 1시쯤 집에 돌아왔는데 그때까지 투덜대지 않고 묵묵히 아빠와 함께 있어 준 아들이 너무 고맙기도 하고 미안하기도 했다. 한창 친구들과 뛰어 놀아야 할 나이에 아빠와 같은 동선으로 움직여야 했으니 아들로서는 괴로웠을지도 모른다. 하지만 아들은 짜증 한번 내지 않았다. 만약 아들이 당시 짜증을 내거나 투덜대거나 했다면 나는 제대로 공부하기 힘들었을 것이다.

아버지와 아들이 있는 도서관 풍경은 일상적인 것이 아니어서 주변 사람들 사이에서 화제가 되었던 모양이다. 당시는 몰랐지만 나중에 한국에 돌아와서 케네디스쿨 동문회에 갔더니 후배가 우리 부자가 꽤 유명했다고 말해 주어 알게 되었다. 한국에 돌아와 어떻게 짜증 한 번 내지 않고 아빠를 기다려 주었느냐고 물었더니, 아들은 미국에서도 가장 명문인 하버드대학에서 그토록 우수한 형과 누나들과 같은 공간에 있다는 사실이 신기해서 지루한 줄 몰랐다고 말했다. 참 다행스러웠다. 평일엔 아들이 아빠를 맞춰 주었지만 주말엔 농구를 좋아하는 아들을 위해 근처 YMCA에 가서 농구를 하는 아들을 응원해 주었다.

◇◇ 오전 8시 40분 교회 종소리

하버드대학은 메사추세츠 주 케임브리지 시에 있다. 영국의 식민지 시대인 1636년에 설립되어 미국에서 가장 오래된 대학이며, 브라운대학, 콜롬비아대학, 코넬대학, 다트머스대학, 펜실베이니아대학, 프린스턴대학 그리고 예일대학와 함께 소위 아이비리그를 이루는 명문 사립대학이다. 세계에서 가장 큰 규모인 45조 원의 자산을 보유하고 있으며, 8명의 대통령과 130명의 노벨상 수상자를 배출했다. 또한 세계 최대 규모의 도서관을 자랑하는데 캠퍼스 내 79개 도서관에 1800만 권의 장서를 보유하고 있다. 하버드대학 캠퍼스에서 가장 오래된 곳은 하버드 야드^{Harvard Yard}라고 불리는 곳으로 9만 653평방미터^{약 2만 7420평}이며, 담으로 둘러싸여 있는데 문이 무려 27개나 된다.

하버드 야드에는 대표적인 건물 세 개가 있다. 하나는 미국의 2대 대통령인 존 애덤스, 독립운동가 존 핸콕, 미국 건국의 아버지 새뮤얼 애덤스 같은 인사들이 학생 시절 기숙했으며, 하버드대학에서 가장 오래된 건물인 메사추세츠홀^{Massachussetts Hall}이다. 그리고 중앙에 위치한 잔디와 나무들 양쪽에서 서로 마주보고 있는 와이드너^{Weidner} 도서관과 하버드 메모리얼 교회^{Harvard Memorial Church}다.

와이드너도서관은 웅장하고 아름다우며 350만 권의 장서를 보아하고 있다. 이 도서관은 1907년 하버드대학을 졸업하고 1912년 4월 15일 타이타닉 호에 승선했다가 사망한 아들 해리 엘킨스 와이드너를 기리기 위해 그의 모친 엘리너 엘킨스 와이드너가 후원하여 건립되었다. 아들이 수영을 못 해서 사망했다고 생각한 엘리너는 후원 조건으로 학교 측에 하버드의 모든 학생에게 수영 교육을 필수로 시켜 달라는 것과 식사 때마다 아이스크림을 제공해 달라고 주문했다고 한다.

나는 매일 아침 수업이 시작되기 전 와이드너도서관에 가서 그날 배울 것들을 미리 점검하는 시간을 가졌다. 와이드너도서관은 단순히 공부만 하는 곳이 아니었다. 이른 아침에 명상을 하면서 엄숙하면서도 마음을 안정시키는 어떤 거룩한 분위기를 자아내는 곳이었다. 마치 유럽의 유명한 성당에 가면 나도 모르게 건축물의 아름다움과 경건함에 몰입되는 것과 비슷한 느낌을 받았다. 책을 펴고 글을 읽을 때도 다른 도서관에 있을 때보다 마음이 가지런해져서 더 집중할 수 있었다. 아직 잠에서 덜 깬 아침 시간이었지만 매우 높은 천장과 스탠드의 은은한 노랑 빛으로 인해 금방 정신이 맑아져서 하루를 새롭게 시작하기에 더없이 좋은 곳이었다.

하버드 메모리얼교회 건물은 1차 세계대전 후 1932년에 다시 건립되었다. 교회 본당 옆에는 1, 2차 세계대전과 한국전쟁 그리고 베트남전쟁에 참전했다가 목숨을 잃은 하버드 동문들의 이름이 새겨져 있는 홀이 있다.

예배당에서는 주일에 예배를 드린다. 교회 강대상 쪽 모퉁이에는 30여 명이 들어갈 수 있는 규모의 애플턴 채플Appleton Chapel이라는 기도실이 있다. 애플턴 채플에서는 월요일부터 토요일까지 아침 8시 45분에서 9시까지 아침 기도회 'Morning Prayer'가 진행된다. 이 아침 기도회는 하버드대학이 설립된 1636년에 홀든 채플Holden Chapel에서 시작한 이래 무려 380년 넘게 유지되고 있는 전통이다. 매일 아침 8시 40분이면 교회 종소리가 울려 퍼진다. 종소리는 45분까지 울린다.

나는 와이드너도서관에서 책을 읽다가 교회 종소리가 울리면 바로 교회로 향했다. 이 종소리를 들으며 하버드 야드의 나무들과 잔디를 끼고 걸어가는 시간은 내게 너무나 아름답고 행복한 시간이었다. 캠퍼스 가득 울려 퍼지는 교회 종소리는 내 영혼을 깨워 아침 예배로 인도하는 주님의 부드러운 목소리 같았다. 봄과 여름에는 새소리가, 가을에는 예쁜 단풍들의 율동이, 겨울에는 눈 밟는 뽀드득 소리가 교회 종소리와 함께 만들어 내는 합주는 예배당으로 향하는 나를 마냥 즐겁게 했다. 그리고 이때 내 몸으로 스며드는 아침 공기는 아직 잠에서 깨지 못한 세포들을 깨우고, 신선한 공기를 마신 세포들은 흥에 겨워 재잘대곤 했다.

8시 45분에 교회 종소리가 끝나면 기도회가 시작되는데 15분간의 기도회는 10여 명의 학생들로 구성된 성가대의 찬양 그리고 말씀과 기도로 진행된다. 설교는 학기 첫날에는 총장이 하고, 이후론 교수 혹은 외부 인사들이 돌아가면서 말씀을 전한다.

미국 클린턴 정부 재무장관과 오바마 정부 국가경제위원회 위원장을 역임한 세계적인 경제학자 래리 서머스Larry Summers 총장의 설교가 기억난다. "야베스가 이스라엘 하나님께 아뢰어 이르되 주께서 내게 복을 주시려거든 나의 지역을 넓히시고 주의 손으로 나를 도우사 나로 환난을 벗어나 내게 근심이 없게 하옵소서 하였더니 하나님이 그가 구하는 것을 허락하셨더라" 대상 4:10는 말씀이 그날의 본문이었는데, 그는 하나님의 약속의 말씀을 신뢰하고 모든 것이 주님 손안에 있음을 믿으며, 나의 삶에서 하나님께 쓰임 받는 부분이 더 많아지기를 기도하라고 당부했다. 그는 또한 주님의 손을 붙들고 시험에 들지 아니하며 죄악에 빠지지 아니하고 환난을 이겨 나가라면서, 지경이 넓어져 많은 힘을 가지게 되더라도 악에서는 멀어진 자가 되어 이 세상을 더 좋은 세상으로 변화시키는 빛과 소금이 되라고 당부했다. 9시 정각, 교회 종소리가 다시 울리면 하버드대학의 첫 수업이 시작된다.

나는 하버드 케네디스쿨에서 지도교수 컬레스토스 주마 박사의 지도하에 '과학기술혁신을 통한 국가 경제 발전'에 관한 논문을 썼다. 기업가형 대학Entrepreneurial University이 과학기술 혁신의 중심이 되는 새로운 경제 발전 모델인 'Corporate Helix Model'을 사회과학 저널인 〈International Journal of Globalization and Technology〉에 발표하기도 했다. 나는 이 논문에서 개발도상국에서 스탠퍼드대학과 같은 기업가형 대학을 어떻게 출현시킬 것인지와 과학기술 혁신을 통해 경제 발전을 이루고 선진국 진입이 가능한 경제 발전 모델을 제안했다. 나의 경제 발전 모델에 대해 아시아와 아프리카 그리고 남미의 개발도상국들이 관심을 보여서 이들 국가들의 과학기술 정책을 자문하기도 했다.

에이즈와의 전쟁을 시작하다

나는 2005년 하버드 케네디스쿨에서의 공부를 마치고 돌아왔다. 그리고 그 해 12월 아시아·태평양 에이즈학회AIDS Society of Asia and the Pacific에서 회장으로 선출되었다. 이로써 나는 아시아 지역의 에이즈 퇴치 운동에 본격적으로 뛰어들게 되었다.

에이즈는 이전까지 의학적 이슈에 머물렀는데, 이제부터는 경제적, 정치적, 사회적 이슈로까지 넓혀서 새로운 전략의 에이즈 퇴치 운동이 전개될 필요가 있었다. 에이즈는 이제 선진국에서는 만성질환이 되었다. 즉 고혈압이나 당뇨병처럼 완치는 안 되지만 약을 먹으면 살아갈 수 있다. 그동안 과학자들에 의해 40여 종의 치료약이 개발되었기 때문에 치료에 관한 한 과학자가 할 수 있는 것이 없다. 그러나 치료비가 1년에 2천만 원에서 4천만 원 정도 필요하기 때문에 1달러도 큰돈인 아프리카 같은 개발도상국 환자들에게는 그림의 떡이다. 따라서 이제부터는 정치인이나 기업인들 그리고 국제기구 지도자들이 나서서 개발된 비싼 치료약들을 가난한 에이즈 환자들에게 전달될 수 있도록 힘써야 한다.

한편, 에이즈 퇴치 운동에는 연예인의 도움이 필요하다. 에이즈는 성 접촉에 의해 전염되므로 무엇보다 예방 교육이 중요하다. 우리는 한류 스타를 에이즈 홍보대사로 임명했다. 그들은 콘서트에서 "무분별한 성 접촉을 통해 우리 젊은이들이 에이즈에 노출되는 것을 막자"고 외쳤고, 수만 명의 소녀들이 눈물을 흘리며 꼭 그렇게 하겠다고 다짐했다. 그 모습은 정말 감동 그 자체였다. 이것이 인문학의 힘이었다. 에이즈와의 전쟁은 과학과 의학만으론 한계가 있다는 걸 확인했으므로 이제는 사회과학과 인문학의 통섭적인 전략으로 진행되어야 한다.

또 에이즈는 경제적 이슈다. 에이즈는 거의 성 접촉으로 전염되므로 성적으로 가장 건강한 20~40대가 전체 감염자의 70퍼센트를 차지한다. 이들은 국가 경제를 끌고 가는 경제 주축 인력이다. 이들이 에이즈로 무너진다는 것은 국가 동력을 끌고 가는 인력이 넘어진다는 의미다. 감염이 만연한 아프리카에서는 에이즈로 인해 국민총생산이 2퍼센트나 감소되었다.

에이즈는 정치적 이슈이기도 하다. 에이즈가 국가의 미래인 젊은이들 사이에서 퍼져 나가는 까닭에 정치인들이 관심을 안 가질 수가 없다. 에이즈 감염률이 높은 아프리카나 아시아에서는 대통령선거에 출마하는 후보들이 공약을 낼 때 에이즈를 어떻게 줄인 것인가에 대한 대안을 내놓아야 한다.

또한 에이즈는 사회적 이슈다. 에이즈는 악수, 포옹 같은 일상적인 접촉을 통해서는 전염되지 않는다. 독감이나 결핵처럼 공기로 전염되지도 않는다. 함께 일해도 같이 공부해도 전염되지 않는다. 이런 이유로 우리 주변에 HIV에이즈바이러스 감염자가 있다고 해도 전혀 두려워할 필요가 없다. 그럼에도 불구하고 에이즈에 대한 차별과 편견은 매우 심하다. 직장생활을 하다가 에이즈 감염 사실이 알려지면 편견과 차별로 인해 직장에서 쫓겨나는 경우가 많다. 이것은 인권의 문제이므로 사회문제로 다뤄야 한다.

나는 아시아 지역의 국가 지도자들이 에이즈 퇴치에 적극 개입하도록 힘을 기울였다. 에이즈 관련 예산을 높이고, 에이즈 예방 교육을 강화할 것을 요구했으며, 아시아·태평양 에이즈총회가 열리면 그 나라의 대통령이 나와 연설을 하도록 했다. 이때 대통령이 에이즈 퇴치를 위한 정부의 공약을 발표할 것을 요구했다.

1981년 미국 UCLA대학 병원에서 에이즈 환자가 처음 발견되면서 세상에 알려진 에이즈는 지금까지 우리 인류가 상대한 질병들과 아주 다르다. 간염 바이러스는 간염을 일으키고, 독감 바이러스는 독감을 일으키며, 결핵균은 결핵을 일으킨다. 그러나 HIV는 특정 증상을 일으키지 않으며 대신 면역세포 중 가장 중요한 총사령관 격인 T세포를 파괴함으로써 우리 몸을 방어하는 면역 체계 자체를 무너뜨린다. 즉 면역 결핍 증상을 일으키는 것이다.

이렇게 우리 몸을 병원균으로부터 지켜 주는 방어 체계가 무너지면,

우리 몸은 다른 병원균들이 방해 받지 않고 들어와 얼마든지 병을 일으키는 환경이 되어서 죽음에 이르게 된다. 에이즈는 HIV가 직접적으로 일으키는 것이 아니며 결핵균, 설사균, 효모, 피부암 바이러스 등 다른 병원균들에 의해 나타나는 복합적인 증상을 말한다.

에이즈가 처음 발견된 이래 지금까지 3900만 명이 에이즈로 사망했으며, 현재 3670만 명이 에이즈바이러스 감염 혹은 에이즈 환자로 살고 있다. 이미 사망한 사람과 현재 감염자와 환자를 합치면 무려 7570만 명이 된다. 이는 1차 세계대전에서 1700만 명이 사망했고 2차 세계대전에서 6000만여 명이 사망한 것과 맞먹는 수치다. 이렇듯 에이즈는 인류에게 엄청난 위협이 되고 있으며 지금도 인류는 에이즈와 대항해 소리 없는 세계대전을 치르고 있다.

나는 에이즈바이러스 발견 30주년이 되던 2011년 조직위원장으로서 제10차 아시아·태평양 에이즈총회를 부산에서 개최했다. 우리 정부는 처음엔 이 총회 개최의 필요성을 인지하지 못했다. 우리나라는 전체 인구 5천여만 명 중 에이즈 감염자가 1만 명 정도여서 에이즈가 아직은 중요한 이슈가 되지 못한 까닭이다. 하지만 나는 우리 정부가 국제적인 에이즈 퇴치 운동에 참여해야 한다고 설득했다.

한국전쟁 이후 대한민국은 경제 건설을 위해 혼신의 노력을 다한 결과 한강의 기적을 일궈 냈다. 내가 태어나는 순간부터 미국 시민의 원조를 받은 것처럼 대한민국도 외국의 원조로 경제 발전의 초석을 다질 수 있었다.

나는 아시아·태평양 에이즈총회를 한국에서 개최함으로써 국제 사회에서 에이즈로 고통 받는 사람들의 아픔을 함께하고, 이제는 원조 받는 국가에서 원조하는 국가로 변신한 대한민국의 위상을 국제 사회에 보여 주고 싶었다. 다행히 한국 정부는 이 행사를 적극 지원했고, 총회는 에이즈로 고통 받는 세계의 어려운 사람들을 위로할 수 있었다. 이때 미국 클린턴재단 Clinton Foundation과 빌게이츠재단Bill & Mellinda Gates Foundation, 유엔에이즈UNAIDS 그리고 미국 정부도 이 행사에 지원을 아끼지 않았다.

내가 회장으로 있으면서 함께 일한 사람들은 나와 같은 교수나 의사가 아니었다. 빌 게이츠 같은 기업인, 빌 클린턴 같은 정치인을 비롯한 아시아 지역 국가들의 대통령들 그리고 유엔기구 지도자들이었다.

인도네시아의 수실로 밤방 유도요노Susilo Bambang Yudhoyono 전 대통령을 만났을 때였다. 나는 이슬람 문화권의 여성 인권과 에이즈 확산의 상관관계를 설명하면서, 여성을 에이즈로부터 보호할 수 있는 정책을 국민들에게 제안하면 그것이 결국 표로 이어질 수 있다고 설득했다. 그가 밴드를 결성할 정도로 음악 애호가임을 알고 그가 직접 만든 첫 번째 앨범인 〈My Longing for You〉에 수록된 발라드 곡을 인도네시아어로 연습해서 몇 소절 부르기도 했다. 특히 모델 출신인 영부인이 몹시 좋아했던 기억이 있다. 당시 인도네시아의 여성 인권은 너무 취약해서 에이즈 전염률이 매년 증가하고 있었다. 이렇게 유도요노 대통령을 설득한 결과 정부의 에이즈 지원 예산을 대폭 늘릴 수 있었고, 대통령의 전폭적인 지원으로 2009년 아시아·태평양 에이즈 총회를 빌리에서 성대하게 치를 수 있었다.

남태평양 섬나라인 피지의 에펠리 나일라티카우Epeli Nailatikau 전 대통령에게는 글로벌펀드와 유엔에이즈로부터 청소년과 어린이들의 에이즈 예방과 치료를 위한 기금을 확보할 수 있도록 도왔고, 정책을 입안하고 실행하는 단계에도 도움을 주었다. 피지는 2개의 큰 섬과 322개의 작은 섬들로 이루어져 있어 정책을 입안하더라도 모든 섬에 골고루 혜택이 돌아가기가 쉽지 않았는데, 경험이 많은 유엔에이즈의 참여를 이끌어내 큰 도움을 받았다.

이처럼 기업인과 정치인 그리고 국제기구 지도자들을 만나 설득하고 협력할 수 있었던 데는 내가 그동안 실리콘밸리, 기업 창업과 경영 그리고 하버드 케네디스쿨에서 배우고 익힌 훈련과 교육이 큰 도움이 되었다. 그제야 나는 하나님께서 블룸버그 박사를 통해 여러 분야의 지도자들을 만나게 하시고 서정진 회장을 통해 냉혹한 현장을 경험하게 하시며 하버드 케네디스쿨을 통해 정치, 행정, 경제, 리더십 등을 학문적으로 접근하고 해석하는 교육을 받게 하신 이유를 이해하게 되었다.

내가 하버드 케네디스쿨을 졸업할 무렵 클린턴재단에서 연락이 와서 빌 클린턴 전 미국 대통령과 보스턴에서 미팅을 했다. 클린턴 전 대통령은 내게 클린턴재단의 사무총장으로 일해 달라는 뜻밖의 제의를 했다. 나는 왜 내게 그런 제안을 하느냐고 물었다. 그러자 그는 클린턴재단은 에이즈 퇴치 노력을 하고 있는 단체이며, 따라서 에이즈 전문가이면서 행정과 경영 그리고 리더십을 갖춘 지도자가 필요하다고 했다. 그러면서 내가 자연과학과 사회과학을 동시에 공부한 점이 흥미롭다며 클린턴재단이 찾는 인재라고 생각한다고 했다.

하지만 나는 당시 어느 한 단체에 소속되어 일하는 것보다 교수로 있

으면서 여러 단체들과 공조하는 것이 에이즈 퇴치에 더 효율적이라고 생각
해서, 클린턴재단의 제안을 거절했다. 나는 지금도 그때 지혜로운 결정을 했
다고 생각한다.

> "너는 마음을 다하여 여호와를 신뢰하고 네 명철을 의지하지 말
> 라 너는 범사에 그를 인정하라 그리하면 네 길을 지도하시리라"
> (잠 3:5-6).

◇◇ **"땡큐 에티오피아"**

2011년 가을 제네바에 본부를 둔 유엔에이즈 총재 미셸 시디베^{Michel}
^{Sidibe}에게서 연락이 왔다. 아시아를 대표해서 12월에 에티오피아 아디스아바
바^{Addis Ababa}에서 개최되는 아프리카 에이즈총회에 참석해 달라는 초청이었
다. 나는 에티오피아에 가 본 적도 없고, 또한 아프리카 에이즈총회에 참석
한 적도 없지만 기꺼이 초청을 수락했다.

에티오피아에 도착했을 때 에티오피아인들의 얼굴이 내가 생각하던
아프리카인들과 매우 다르다는 것을 알고 놀랐다. 그들은 전형적인 아프리
카인들의 얼굴과는 소금 달랐다. 오히려 서구인들과 유사했다. 이유를 물으
니 에티오피아는 성경에도 등장하는 나라이며 역사적으로 그리고 지형적으

로 아랍과 가까워서 아랍인들의 피가 섞여 있다고 했다.

성경에 나오는 시바의 여왕 마케다^{Makeda}는 아프리카에 있는 악숨 왕국_{지금의 에티오피아}을 식민지로 통치하고 있었다. 마케다는 솔로몬의 지혜에 감동해 그와 사랑에 빠졌고 그들 사이에 아들 메넬리크^{Menelik}를 낳았다. 그 아들이 후에 에티오피아 왕이 되면서 에티오피아의 역사가 시작되었다고 한다. 기독교를 1세기에 최초로 받아들인 나라, 솔로몬 왕의 아들에 의해 시작된 나라, 에티오피아에 와 있다 생각하니 감개가 무량했다.

총회 중에 조직위원장이 불러서 미팅 장소에 갔더니 임원들과 함께 기다리고 있었다. 조직위원장은 그 자리에서 놀랍게도 내게 폐회식 연설을 해 달라고 요청했다. 아프리카 에이즈총회는 1만 5천 명이 참석하는 매우 큰 규모의 행사였다. 내가 회장으로 있는 아시아·태평양 에이즈총회는 5천 명으로 그에 비하면 매우 작은 규모에 속했다. 그런 대규모 총회에서 더구나 조시 부시 미국 전 대통령 부부를 비롯해 세계적인 지도자들이 참석한 자리에서 연설을 하라니 당황스러웠다. 그것도 이렇게 갑작스럽게.

보통 이렇게 큰 규모의 국제 행사를 할 때는 연설자 선정도 매우 신중을 기하며 연설 내용도 중요하기 때문에 충분히 연설문을 준비할 시간을 주는 게 관례다. 그런 관례를 깨뜨리면서까지 나를 연설자로 세우려는 것은, 아마도 유엔에이즈에서 아시아와 아프리카의 공동 협력 구축을 위해 아시아 대표가 연설자로 서는 게 좋겠다고 판단했기 때문인 것 같다.

어찌되었든 나로서는 매우 놀라운 제안이었다. 당황스럽고 부담스럽긴 하지만 한편으로 하나님이 허락하신 영광스러운 기회라 여기기로 했다.

나는 이틀 남겨 두고 폐회식 연설 요청을 받아들였다. 대신 이틀밖에 안 남았으니 연설문을 같이 준비할 수 있는 팀을 만들어 달라고 요청했다. 조직위원장은 기꺼이 나의 요청을 받아들였고, 에티오피아대학의 젊은 교수와 의사들 3명으로 구성된 준비 팀을 구성해 주었다. 그렇게 이틀간 많은 의견을 조율하며 연설문을 준비할 수 있었다.

조지 부시 전 대통령 부부를 비롯한 아프리카 지도자들 앞에서 연설하는 일은 내게 긴장과 흥분을 주기에 충분했다. 나는 폐회식 두 시간 전에 조용하고 한적한 곳을 찾아서 눈을 감고 묵상의 시간을 가졌다. 모든 연설자들이 공통적으로 에이즈에 대해 연설할 것이다. 나는 그들과 차별된 연설을 하고 싶었다. 그때 문득 에티오피아가 한국 전쟁 참전국 중 하나라는 생각이 들었다. 그래 바로 이거야 하면서 나는 스마트폰으로 검색하기 시작했다.

한국전쟁이 발발한 1950년에 한국의 국민 1인당 GDP는 케냐의 947달러, 가나의 1193달러보다 적은 876달러에 불과했다. 에티오피아는 당시 한국보다 더 낮은 277달러에 불과했는데도 불구하고 저 멀리 떨어진 한국을 돕기 위해 출전을 감행한 참으로 고마운 나라였다. 그 당시 셀라시에^{Haile} ^{Selassie} 황제는 근위대였던 '강뉴^{Kanye} 부대'를 파병하면서 이런 당부를 했다.

"세계 평화를 위해 가서 침략군을 격파하고, 한반도에 평화와 질서를 확립하고 돌아오라. 그리고 이길 때까지 싸워라. 그렇지 않으면 죽을 때까지 싸워라."

강뉴 부대는 16개국 참전군인 중에서 가장 용감하게 싸웠다. 5차에 걸쳐 6037명이 파병되었고 123명의 전사자와 536명의 부상자를 냈지만, 단한 명의 포로도 없었다. 그 이유는 이기든지 죽든지 둘 중 하나만 선택했기 때문이다. 어떤 참전용사들은 월급을 에티오피아로 보내지 않고, 부대 안에 '보화원'이라는 보육원을 만들어 전쟁 고아들과 음식을 나누어 먹고, 잠을 잘 때는 두려움에 떠는 아이들을 옆에서 지켜 줬다고 한다. 나는 단상에 오르면 가장 먼저 한국전쟁에 참전한 에티오피아에 감사 인사를 해야겠다고 생각했다.

드디어 나의 연설 순서가 되었다. 나는 부시 전 대통령과 에티오피아 기르마 월데기오르기스^{Girma Wolde-Giorgis} 대통령에게 목례를 하고 단상에 올랐다. 에티오피아에는 국제컨벤션센터가 따로 없어서 대형 하얀 천막을 치고 총회를 열었다. 평평한 땅 위에 의자를 놓고 앉아 있는 1만 5천 명의 참석자들이 볼 수 있도록 단상은 유난히 높게 설치되었다. 나는 국제 행사에서 여러 번 연설한 경험이 있어서 떨리지는 않았으나 처음 접하는 환경에 뭐라고 표현할 수 없는 묘한 긴장과 희열을 느끼고 있었다. 내 앞에 앉아 있는 이들이 에이즈 퇴치를 위해 한마음으로 노력하는 사람들이기 때문에 느끼는 감정이었을 것이다.

나는 무대로 올라가서 준비한 연설문 원고를 앞에 놓고 깊은 숨을 들이쉬면서 앞을 주시하였다. 수많은 사람들이 동양의 작은 나라 한국에서 온 나를 쳐다보고 있었다. 적막이 흘렀다. 그들은 나의 말을 기다리고 있었다. 나는 이 자리에 초청해 준 에티오피아 정부와 조직위원회에 감사 인사를 한 후 곧이어 에티오피아가 한국전쟁에 참전한 사실을 언급하며 덕분에 한국이라는 나라는 자유민주주의 국가가 되었고 놀라운 경제 발전을 이룩할 수 있었다고 감사 인사를 드렸다. 그런데 다음 순간 나는 미리 생각한 적 없는 돌발 행동을 했다. 갑자기 거수경례를 하며 "땡큐, 에티오피아"라고 크게 외친 것이다.

그 순간 어딘가에서부터 박수가 터져 나오더니 차츰 박수 소리가 장내 전체를 퍼져 나갔다. 급기야 모든 참석자가 일어나서 박수를 치는 것이 아닌가. 나는 너무 놀랐다. 박수가 끝나기를 기다리다가 나는 그들에게 고마움을 표시하기 위해 다시 거수경례를 하며 이번에는 "땡큐, 아프리카"라고 했다. 그러자 박수 소리가 더 커지면서 사람들이 열광을 했다.

단지 에티오피아의 한국전쟁 참전에 대하여 감사했을 뿐인데 아프리카 사람들 모두가 이토록 열광할 줄이야! 나는 어리둥절했으나 곧 그들의 얼굴에서 그들이 도와서 한국이 이렇게 발전했다는 사실에 큰 자부심을 느낀다는 것을 알 수 있었다. 이후 아시아와 아프리카가 협력해 에이즈를 정복하자는 요지의 연설을 마치고 내려오는데 부시 전 대통령이 나를 향해 엄지를 치켜세워 주었다.

총회를 마친 뒤 한국으로 향하는 비행기 안에서 나는 내가 예수님을 영접하고 주님의 자녀가 되었다는 사실이 새삼 너무 감사했다. 주님의 자녀가 되는 축복을 주신 주님께 기도했다.

"'내게 강한 힘을 주시고, 내가 가는 길을 온전하게 만드시는'^{시 18:32} 여호와여, 내게 계속 힘을 불어넣어 주시고 나를 강하게 하여 주옵소서. 내 앞에 어떤 곤경이 오더라도 내가 가는 길을 순탄하게 하시는 분이라는 믿음이 소멸하지 않게 하옵소서. '그와 함께하는 자는 육신의 팔이요 우리와 함께하시는 이는 우리의 하나님 여호와시라 반드시 우리를 도우시고 우리를 대신하여 싸우시리라'^{대하 32:8}고 하신 말씀처럼 육신의 팔에 의지하지 않게 하시고, 도와주시고 대신 싸우시는 주님과 동행하는 인생이 되게 하소서. 그리고 '네가 사는 날을 따라서 능력이 있으리로다'^{신 33:25} 하신 말씀처럼, 제가 사는 동안 필요에 따라 하나님의 에너지를 공급 받게 하옵시고, 주님의 능력과 생명으로 저를 진정한 그리스도인으로 만들어 주옵소서. 주님, 저의 마음을 통해 사랑하시고, 저의 머리를 통해 생각하시고, 저의 입술을 통해 말씀하소서. 그리고 저의 손을 통해 어려운 이웃을 도와주소서. 날 구원하여 주신 예수님 이름으로 기도하옵나이다. 아멘!"

하나님과 함께 세상을 뛰어다니다

나는 내 인생에서 세상을 이웃집 다니듯이 자주 다닐 기회를 두 번 얻었다. 처음은 2000년부터 2002년까지 서정진 회장을 도와 셀트리온 설립을 준비하면서였고, 다음은 2005년부터 아시아·태평양 에이즈 학회장이 되면서 10여 년간 에이즈 퇴치 운동을 전개하면서였다.

그러나 흥미롭게도 두 기간 동안 방문한 나라들과 목적은 너무나 달랐다. 기업을 설립할 때는 주로 미국과 유럽 등 과학과 기술이 발전한 선진국을 중심으로 방문한 반면, 에이즈 학회장으로 세계를 돌아다닐 때는 주로 동남아시아와 아프리카의 개발도상국을 집중적으로 방문했다. 방문의 성격도 달랐다. 창업을 목적으로 다닐 때는 기업의 이윤을 창출하고, 국가 경제 발전의 신성장 동력을 만들어 젊은이들의 직장을 창출하는 것이 방문의 목적이었다면, 에이즈 학회장으로 다닐 때는 에이즈로 고통 받는 가난하고 소외된 사람들을 돕는 것이 목적이었다.

특히 아시아와 아프리카의 에이즈 창궐 지역을 다니면서 겪은 일들은 정말 특별했다. 내가 하는 모든 일이 하나님의 도구로 쓰임받는 일이었기 때문이다. 그동안 학교에서 배우고 익힌 모든 교육과 훈련을 밖으로 들고 나가 도움이 필요한 사람들을 위해 사용할 수 있었다. 이 기간 동안 나는 "우리는 그가 만드신 바라 그리스도 예수 안에서 선한 일을 위하여 지으심을 받은 자니 이 일은 하나님이 전에 예비하사 우리로 그 가운데서 행하게 하려 하심이니라"엡 2:10는 말씀을 실천할 수 있었다. 하나님은 내게 세상에 선한 영향을 끼치면서 하나님 나라를 확장하는 일에 기여해 줄 것을 기대하셨다. 주님은 나를 주님의 도구로 사용하기 위해 그동안 세상 학문과 영어로 무장시켜 주셨다.

> "내가 땅 끝에서부터 너를 붙들며 땅 모퉁이에서부터 너를 부르고
> 네게 이르기를 너는 나의 종이라"(사 41:9).

정말 가슴에 와 닿는 말씀이다! 주님은 그리스도 예수를 구원의 선물로 주셨고 그리스도 예수 안에서 선한 일을 하면서 살아가도록 나를 지으셨다. 나는 그리스도 예수 안에서 선한 일을 하는 종인 것이다.

아시아·태평양 에이즈학회 회장 당선은 나로 하여금 세상의 어려운 이웃을 눈으로 직접 목격하게 해 주었다. 나는 그동안 애리조나대학과 스탠퍼드대학에서 학자로서 에이즈라는 질병을 공부하고 연구했다. 즉 강의실과 실험실에서 배우고 연구하며 에이즈를 접한 것이 전부였다. 실제로 에이즈 환자를 가까이서 본 적이 없으며 에이즈로 고통 받는 사람들의 모습을 눈으로 목격한 적도 없다.

그런 내가 에이즈학회 회장이 되면서 에이즈와 전쟁을 치르는 실제 현장을 보았고, 가난과 질병의 고통과 아픔이 얼마나 사람을 힘들게 하는지 체휼하게 되었다.

2006년 여름 나는 태국 방콕학회 사무실에서 에이즈바이러스에 감염된 20대 남자를 상담하고 있었다. 대화 중에 그의 아내가 임신 중이라는 사실을 알게 되었다. 나는 직감적으로 아내와 아기 역시 에이즈바이러스에 감염되었을 것임을 알았다. 그를 설득해 그의 아내를 만나기 위해 집을 방문했다. 그들은 작은 하천 옆에 무허가로 지은 판잣집에서 살고 있었다. 세 평 남짓한 좁은 공간에서 임신 8개월의 그의 아내가 힘겹게 집안 살림을 하고 있었다.

아내의 에이즈 감염 여부를 확인해 보려 했으나 남편이 반대했다. 만약 그의 부인이 감염자로 판명되면 그 가정이 사람들로부터 받을 차가운 시선이 두려웠고, 치료 비용도 감당할 수 없었기 때문이다 나는 건강한 아기의 출산을 위해 익명으로 그리고 무료로 검사를 받게 해 주겠다고 설득했다. 방콕 시내에 있는 태국 적십자사는 이름을 묻지 않고 에이즈 검사를 제공하는 클리닉을 운영하고 있다. 검사를 받으러 온 사람에게 이름을 포함한 주소 등 어떠한 개인 신상 정보도 물어보지 않고 코드 번호만 준다. 검사 받은 후 결과를 알기 위해 다시 방문할 필요 없이 전화로 코드 번호를 말하면 감염 여부를 알려 준다. 이 제도는 많은 사람들이 검사를 받게 하여 본인의 감염 사실을 일찍부터 발견해 치료 받을 수 있도록 도와서 성공적으로 운영되고 있다.

그렇게 해서 그의 아내는 적십자사에서 에이즈 감염 검사를 받게 되었고, 예상대로 아내와 아기 모두 양성으로 나타났다. 아내는 흐느껴 울고 남편은 미안한 마음에 아내의 얼굴을 쳐다보지 못했다. 뱃속의 아기도 에이즈바이러스에 감염된 채 세상에 태어날 터였다. 나는 그들에게 소식만 전해주고 그냥 집을 나올 수 없었다. 감당할 수 없는 엄청난 고통과 슬픔을 짊어지게 한 채 나 홀로 빠져나올 수가 없었다.

"너희는 그리스도의 삶을 살고 있는데, 그 삶은 선을 행하는 삶이다"라고 한 사도 바울의 말처럼 지금 이 순간 나는 선을 행해야 했다. 나는 아기를 치료해 주겠다고 말했다. 신생아 치료는 1년에 200달러 정도 필요한데 성인과 달리 2~3년만 치료하면 완치될 수 있었다. 성인은 비싼 에이즈 복합 치료제를 써야 하나 신생아는 AZT라는 저렴한 치료약 하나로도 가능했다. 나는 나의 친구이며 동료인 태국 최고의 에이즈 의사인 프라판 박사에게 아기가 에이즈 치료를 받을 수 있도록 조치했다. 아기의 부모는 구호단체에서 부담해서 치료하도록 했다.

아기는 태어나자마자 치료를 시작해 감사하게도 2년 만에 더 이상 치료할 필요가 없게 되었다. 나는 이 여자아이를 조이라고 불렀다. 아이는 지금 초등학생으로 잘 자라고 있다. 50여만 원으로 한 생명을 구한 이 경험은, 이후 내가 가난하여 치료를 받을 수 없는 에이즈 어린이들에게 치료비를 제공하는 국제적 기금 모금 운동을 펼치게 된 계기가 되었다.

에이즈 과학자들이 있는 학교와 에이즈 환자가 살아가는 현장은 전혀 다른 세상이었다. 학교의 관심사가 에이즈바이러스라면, 현장의 관심사는 사람이었다. 즉 에이즈 감염자와 환자였다. 학교에서는 HIV를 어떻게 하면 공격할 수 있는가를 연구하고 개발하는 것이 주요 관심사다. 그러나 현장에서는 에이즈로 고통 받고 있는 사람들을 어떻게 도울 수 있는지가 관심사다. 그들이 쉴 수 있는 곳을 마련하고, 차별과 편견을 없애려고 노력하고, 에이즈 예방 교육을 하고, 치료비를 충당할 수 있도록 돕고… 현장은 에이즈바이러스와 함께 살고 있는 사람들이 한 사회인으로서 겪게 되는 고통에 관심을 갖는다. 학교에서는 에이즈를 연구하는 과학자나 의사들과 일했다면, 현장에서는 에이즈로 고통 받는 사람들은 물론 그들을 도우려는 시민단체 사람들과 국제기구 종사자들, 정치인, 기업인들과 일했다.

"일어나라 빛을 발하라 이는 네 빛이 이르렀고 여호와의 영광이 네 위에 임하였음이니라"(사 60:1).

◇◇ 나의 첫 번째 아시아·태평양 에이즈총회

에이즈 퇴치 활동은 내게 세계가 다양한 인종과 문화로 이루어져 있음을 일깨워 주었다. 태국, 일본, 말레이시아, 싱가포르, 호주, 인도, 중국, 인도네시아 출신의 이사들에게서 다양한 문화와 언어를 배우게 됐다. 처음 회의를 주재할 때 영어를 말해도 모두 억양이 달라 이해하는 데 어려움이 있었으나 유익한 도전이었다. 많은 경험을 했지만 그중에서도 2007년 스리랑카 콜롬보에서 개최한 제8차 아시아·태평양 에이즈총회를 준비하면서 경험한 에피소드가 가장 기억에 남는다.

아시아·태평양 에이즈총회는 5천여 명이 참석하는 아시아 최대 규모의 에이즈대회다. 정부 최고 지도자를 비롯해 기업, 시민단체, 학계 등 에이즈 퇴치를 위해 노력하는 다양한 사람들이 모인다. 이러한 이유로 아시아의 많은 나라들이 이 대회를 유치하려고 노력한다. 그 나라의 에이즈 이슈도 중요하지만 일단 많은 사람들이 참여하고 행사가 개최되는 4일 동안 소비되는 수십억 원에 가까운 행사 비용은 물론 5천여 명의 참가자들의 호텔 비용과 관광 지출까지 고려할 때 개발도상국에게는 상당히 매력적인 행사이기 때문이다.

2007년 총회 유치를 위해서도 인도와 태국, 말레이시아, 스리랑카가 경쟁을 했다. 우리는 수차례 토의를 통해 아시아에서 가장 가난한 나라 중 하나인 스리랑카에서 개최하기로 결정했다. 비록 총회를 치를 수 있는 인프라는 열악하겠지만 가난한 나라에서는 경제 문제에 치중하느라 에이즈 예방과 치료까지 정책이 미치지 못한다. 그런 까닭에 에이즈 전염이 쉽게 확산된다. 따라서 그런 나라에서 아시아·태평양 에이즈총회를 개최하면 정부는 물론 국민들에게 에이즈에 대한 계몽과 경각심을 고취시킬 수 있는 효과가 있다. 스리랑카는 정부가 수립된 이후 지금까지 치른 가장 큰 국제대회가 1800여 명이 참석한 동아시아 육상대회였다. 그런 만큼 아시아·태평양 에이즈총회는 스리랑카에게 매우 매력적인 국제 행사였다.

나는 실사단을 이끌고 대회를 치를 수 있는 기반 시설을 점검하기 위해 여러 번 스리랑카를 방문했다. 스리랑카의 수도 콜롬보를 처음 방문했을 때 목격한 광경을 지금도 잊을 수 없다.

2006년 3월경 내가 탄 비행기는 밤 12시가 넘어서 도착했다. 우리나라 지방 버스터미널 수준의 공항을 빠져나와 정부에서 나온 직원의 안내를 받으며 차에 올라탔다. 공항에서 호텔로 가는 길은 분명 그 나라에서 가장 큰 도로일 텐데 2차선의 좁은 도로였다. 나는 달리는 차창 밖으로 어두운 달빛을 받고 있는 거리를 뚫어지게 쳐다보았다. 그런데 놀랍게도 수많은 사람들이 길가에 누워 있었다. 나는 놀라서 저 사람들이 왜 길가에 누워 있느냐고 물었다. 그러자 그들이 모두 집이 없는 노숙자라는 대답이 돌아왔다.

다음 날 스리랑카의 수도 콜롬보를 둘러보는데 살면서 그토록 가난한 나라는 처음 보았다. 마힌다 라자팍사Mahinda Rajapaksa 대통령의 초청으로 대통령궁에서 열린 만찬에 초청되었는데 대통령이 사는 작은 집을 보고 놀라지 않을 수 없었다. 우리의 큰 집 정도로 님 하나를 사이에 누고 일반 도로가 지나고 있어 차들과 사람들이 다녔다. 기관총으로 무장한 군인들이 담 모퉁이에 서 있는 것으로 이곳이 특별히 안전을 신경 써야 할 사람이 살고 있다는 걸 알릴 뿐이었다.

마당에 하얀 천막을 치고 가졌던 만찬에는 장관들과 외국 대사들도 참석했다. 거실에는 대통령과 가족들 사진이 있었는데, 그중 클린턴 전 대통령과 대통령의 아들이 함께 찍은 사진이 인상적이었다. 장관들은 모두 정장 차림이었고 대통령은 늘 그렇듯 하얀 전통 의상에 양말을 신지 않는 채 전통 슬리퍼를 신고 있었다. 잔디가 있는 마당의 담 쪽에는 1미터 정도 되는 불상이 있었다. 대통령이 마음이 힘들 때면 불상 앞에서 기도한다고 했다.

그날 외무부장관이 대표 연설을 했는데 스리랑카는 국제대회를 치를 수 있는 모든 인프라를 준비할 것이며, 적극적인 정부 지원을 아끼지 않겠다고 약속했다.

우리 실사단은 콜롬보에 있는 컨벤션센터와 호텔 등 도시 인프라를 점검했다. 놀랍게도 그들은 훌륭한 국제컨벤션센터를 갖고 있었다. 더 놀란 것은 컨벤션센터 입구에 하얀색의 마오쩌둥 동상이 있었다. 마오쩌둥 동상이 왜 이런 곳에 있느냐고 물으니 컨벤션센터를 중국에서 지어 줬기 때문이라고 했다. 중국이 오래전부터 스리랑카의 우방국으로서 지위를 확보하기 위해 막대한 돈을 들여 지원을 했던 것이다.

그러나 국제 규모의 호텔은 하나밖에 없었다. 숙박 시설도 매우 낙후했다. 스리랑카 정부는 호텔도 추가로 짓겠으며 모자라는 것은 도시 근처 여관 수준의 작은 숙박시설을 이용하도록 하겠다고 약속했다. 내가 보기에도 스리랑카는 아시아·태평양 에이즈총회를 개최하기에는 너무 취약했다.

나는 실사를 마치고 다음 날 저녁을 먹으며 정부 관계자들과 정부 지원금 액수를 놓고 담판을 짓기로 했다. 일반적으로 총회 개최국 정부에서 총회 경비의 일부분을 지원한다. 물론 개최국의 경제 및 정치 상황에 따라 지원금은 다르다. 회장의 중요한 임무 중 하나가 개최국 정부로부터 가능한 한 많은 재정 지원을 받아 내는 것이다.

정부 측과 미팅을 하기로 한 전날 저녁 스리랑카 조직위원회 책임자였던 카미니로부터 저녁 초대를 받았다. 그녀의 집은 아파트였는데 생각보다 아주 잘살았다. 아파트 입구는 멋있게 꾸며졌고 경비원도 있었다. 그녀가 사는 동네는 외국 주재원과 외교관들, 그리고 한국 기업의 임원들이 살고 있는 부촌이었다. 그녀의 남편은 광고업체를 운영하는 사업가였다.

나는 처음으로 스리랑카 전통 음식을 먹었는데, 그녀의 남편이 스리랑카 식으로 식사해 보지 않겠냐고 했다. 스리랑카는 인도 문화와 가까워서 손으로 음식을 먹었다. 그는 먼저 나를 세면대로 데려가 손을 씻도록 한 다음 음식을 손으로 먹는 법을 가르쳐 주었다. 손가락이 모여 있는 부위에 음식을 올려놓고 엄지로 밀어 넣으라고 했다. 처음에는 손으로 음식을 먹는 것이 미개하다고 생각해서 꺼려졌으나 나를 초청한 주인의 성의를 생각해서 기꺼이 손으로 음식을 집어 먹었다.

그는 음식을 손으로 먹을 때 맛보는 묘미에 대해 설명했다. 음식을 포크나 나이프 혹은 수저로 떠먹으면 입으로만 맛을 느낄 수 있다. 그런데 손으로 직접 음식을 집어 먹으면 음식의 맛 이외에 손으로도 맛을 느낄 수 있다는 것이다. 다시 말해 음식을 손으로 느끼면서 먹으면 식사하는 즐거움이 휠씬 크다는 것이다. 그런데 그의 설명을 듣고 먹어서 그런지, 정말 신기하게도 음식을 먹는 즐거움이 배가 되었다. 직접 경험해 보자 손으로 음식을 먹는 것은 미개한 게 아니라 음식을 즐기는 또 하나의 방법임을 알 수 있었다.

다음 날 저녁 보건복지부장관, 재무부장관, 외무부장관 등 정부 관계자 20여 명과 정부 재정 지원을 위한 만찬 미팅을 가졌다. 만찬 테이블은 깔끔하고 우아하게 유럽풍으로 차려졌다. 나는 어떻게 하면 이들로부터 더 많은 지원을 끌어낼 수 있을까 궁리했다.

스리랑카 전통 음식을 준비했다는 복지부장관의 설명을 듣고 첫 번째 음식을 대하는데 순간 어젯밤 손으로 집어 먹던 것이 생각났다. 그러고 보니 우아하게 꾸민 식탁에 놓인 포크와 나이프가 너무 어울리지 않아 눈에 거슬렸다. 더구나 나를 배려해서 정부 관계자들이 포크와 나이프를 사용해서 식사를 하는데 그게 그렇게 어색해 보일 수가 없었다.

나는 무릎을 쳤다. 그러고는 스리랑카 전통 음식은 손으로 먹어야 제맛이라며 세면대로 가서 손을 씻었다. 나의 돌발 행동에 그들은 놀라면서도 반가워하는 것 같았다. 어제 도착한 내가 그들의 문화를 이해하고 배려해서 솔선해서 손으로 먹는 것을 보고 그들은 몹시 감동하는 눈치였다. 물론 협상은 내가 원하는 대로 진행되었다.

◇◇ 내가 왜 반군 지도자를 만나야 하지?

스리랑카에서 갖게 될 아시아·태평양 에이즈총회 준비는 잘 진행
되고 있었다. 그런데 생각지도 않은 사건이 터졌다. 스리랑카 북동쪽에는
타밀 타이거스^{Tamil Tigers}라는 반군이 스리랑카로부터 독립을 주장하며 정부
군과 대립하고 있었다. 이들은 인도 타밀나두^{Tamil Nadu}에서 이주해 온 사람
들로 정부 주요 인사 암살과 테러를 통해 이목을 집중하여 독립을 주장했
다. 타밀 반군은 인도의 라지브 간디^{Rajiv Gandhi} 전 수상과 스리랑카의 라나싱
헤 프레마다사^{Ranasinghe Premadasa} 전 대통령을 암살해 세계적으로 악명이 높
았다. 허리에 차는 자살 벨트 폭탄을 세계 최초로 개발하여 여성 테러단을
조직하기도 했다.

이 타밀 타이거스가 에이즈총회를 빌미로 스리랑카 정부를 곤경에
빠뜨리려는 시도가 있었다. 8월 행사를 앞둔 5월에 시내에서 버스 테러가
발생한 것이다. 이 테러로 버스에 탔던 모든 승객이 사망했다.

우리는 긴장하기 시작했다. 신변 안전이 걱정된 참가자들이 행사 등
록을 망설였기 때문이다. 나는 스리랑카 대통령과 국방부장관에게 참가자
들의 안전을 확보할 수 있는 대책을 강구해 달라고 강력하게 요구했다. 물론
그들은 걱정 말라고 했으나 나는 믿을 수 없었다. 혹시 대통령 옆에 앉아 있
다가 폭탄 테러가 발생하면 어쩌지 하는 불안이 엄습했다. 참가자들도 나도
불안하기 마찬가지였다. 계획된 날개에 폭세 내외를 개최하는 한편, 참가자
들의 신변을 안전하게 책임져야 하는 나로선 머리가 아주 복잡했다.

타밀 타이거스의 테러는 행사를 두 달 앞두고 공항에서 또 자행됐다. 이 소식은 CNN, BBC 등 국제 뉴스를 통해 전 세계로 전달되었고, 급기야는 총회 개최를 취소해야 한다는 여론이 들끓기 시작했다. 타밀 타이거스는 참가자들이 오는 것을 방해하기 위해 가장 민감한 공간인 공항에서 테러를 일으킨 것이다. 지난 2년 동안 땀 흘려 준비한 행사가 어처구니없게 무산될 위기에 놓였다.

하지만 나는 행사를 포기할 수 없었다. 아마도 이때가 내 인생에서 가장 절박한 결정을 내려야 했던 순간이 아니었나 한다. 테러 위협에도 불구하고 수천 명의 참석자들이 참여하는 행사를 강행할 것인가 아니면 여기서 주저앉을 것인가. 행사를 취소하면 타밀 타이거스는 그들이 원하는 것을 얻었으므로 승리의 환호를 외칠 것이고, 스리랑카 정부는 테러의 위협에 무릎을 꿇음으로써 체면을 구길 것이다. 무엇보다 총회의 무산은 아시아 지역의 에이즈 퇴치 운동에 차질을 가져올 것이다.

나는 콜롬보 시에 있는 와디야 해변에서 주님께 기도했다.

"다 할 수 있으신 하나님^{마 19:26}, 저에게 가까이 오소서^{약 4:8}."

꽤 오랜 시간 주님을 부르고 또 부르며 기도한 모양이었다. 어느덧 해가 지고 있었던 것이다. 호텔로 돌아가기 위해 해변을 걷고 있는데, 문득 타밀 타이거스 반군 지도자를 직접 만나 담판을 저야겠다는 생각이 들었다. 그리고 그 순간 나는 너무 놀랐다. 생물학 교수인 내가, 더구나 한국인인 내가 어떻게 스리랑카 정부와 맞서서 싸우는 반군 지도자를 만날 수 있단 말인가? 그리고 그들도 만나 주지 않겠지만 만나 준다고 해도 왜 내가 만나야 하는가? 아무리 생각해도 나와 반군 지도자의 만남은 쉽게 그려지는 그림이 아니었다. 그런데 이 생각은 호텔에 돌아온 후에도 내 마음을 떠나지 않았다.

밤새 고민했다. 그리고 결론을 내렸다. 가능성은 희박하지만 내가 직접 반군 지도자를 만나는 길밖에 없다고 판단한 것이다. 우리가 행사를 강행하면 반군은 공항 폭탄 테러에 이어 행사 중에 테러를 감행할지도 몰랐다. 그렇다고 반군과 정부군 사이에 타협점이 나올 리 만무했다. 그렇다면 제3자가 중재에 나서야 했다. 그런데 왜 나인가? 내가 과연 적절한 사람인가? 생물학 교수가 왜 그런 일까지 해야 하는가? 그들이 나를 인질로 잡으면 어떻게 하나?

정말이지 에이즈 퇴치 운동과 독립을 요구하는 반군과 무슨 관련이 있단 말인가? 반군의 독립 투쟁과 에이즈는 아무 관계가 없는 것 같지만, 아시아 지역의 에이즈 퇴치 운동의 지속성을 유지하기 위해서는 총회가 예정대로 개최되어야 했다. 그러므로 당시로서는 반군 단체 타밀 타이거즈와 에이즈 퇴치 운동이 밀접하게 관련돼 있었고, 나는 회장으로서 이 사안을 해결하고 넘어가야 했다. 하지만 반군 단체가 민간인을 만나서 대화를 나눈다는 것은 거의 실현 가능성이 없어 보였다. 그런데도 내 마음 한구석에서 반군 지도자를 반드시 만나야 한다는 생각이 신념처럼 똬리를 틀고 있었다.

나는 다음 날 스리랑카 정부 측에 반군과의 미팅을 주선해 달라고 요청하고 한국으로 돌아왔다. 나는 귀국하자마자 몰입 기도에 들어갔다. 참가자의 안전을 이유로 행사를 취소한다고 해서 나를 비난할 사람들은 없겠지만, 내가 회장이 되고 첫 번째 치르는 아시아·태평양 에이즈총회인 만큼 취소하고 싶지 않았다. 그리고 여기서 취소하면 앞으로 아시아 지역에서의 에이즈 퇴치 운동을 위한 모멘텀^{momentum}이 사라질 수 있다는 우려가 너무 부담되었다. 그러나 내가 할 수 있는 것이 하나도 없었다. 나는 금식기도에 들어갔다.

그렇게 5일째 되던 날 스리랑카 정부로부터 반군과 접촉했으며 2주 뒤 스리랑카로 오라는 연락이 왔다. 기적 같은 일이 드디어 현실이 되었다. 가족들이 알면 걱정할 것 같아 자세한 설명 없이 학회 준비로 간다며 스리랑카 콜롬보로 떠났다.

국방부에 도착해 앞으로 진행될 계획에 대한 설명을 들은 후 군인들과 함께 차를 타고 3시간 정도 달려서 숲속의 한적한 장소에 도착했다. 저 앞으로 차 한 대가 서 있는 게 보였다. 내가 탄 차가 접근하니 그 차에서 두 명이 내리며 나를 맞이했다. 타밀 타이거스 반군들이었다. 스리랑카 정부군은 나를 그들에게 인도하고 떠났다.

차 뒷좌석에 타자 내 양쪽으로 반군이 앉았다. 그들은 지금부터는 머리에 두건을 써야 한다고 했다. 그들의 위치를 노출하지 않으려는 것이었다. 머리에 두건을 둘렀다. 이때부터 내 인생에서 가장 위험하고 두려운 시간으로 들어가기 시작했다.

나의 생명과 안전은 전적으로 그들에게 달려 있었다. 나는 한국 정부에 그들을 만나러 간다고 미리 알리지 않았다. 그러므로 그들이 내게 어떤 해코지를 해도 아무런 대책이 없었다. 달리는 차 안에서 두건으로 얼굴을 가린 채 내가 할 수 있는 것은 오직 주님께 기도하는 것이었다.

"주님, 제가 지금 이들과 차를 타고 가는 것은 주님이 만드신 상황이라 믿습니다. 저는 압니다. 주님이 모든 행사를 주관해 주실 것이라는 걸요. 주님, 제가 이제 이들의 지도자를 만납니다. 무슨 말을 해야 하나요, 저의 생각과 입술을 주관하소서!"

나는 이어서 신명기 31장 6절 말씀으로 기도했다.

'너희는 강하고 담대하라 두려워하지 말라 그들 앞에서 떨지 말라. 이는 네 하나님 여호와 그가 너와 함께 가시며 결코 너를 떠나지 아니하시며 버리지 아니하실 것임이라'는 말씀대로 이루어지소서. 주님 제가 주를 의지하고, 적군을 향해 달리고 있습니다. 저는 하나님을 의지하고 제 앞에 있는 담을 뛰어넘고자 합니다^{시 18:29}. 도와주소서. 천만 명이 나를 치려고 사방에서 일어나 저에게 득달같이 달려들어도 두려워하지 않게 하소서^{시 3:6}. 저의 왼쪽에서 천 명이 넘어지고, 저의 오른쪽에서 일만 명이 쓰러진다 해도, 저의 곁으로는 어떤 재앙도 가까이 이르지 못하게 하소서^{시 91:7}."

그렇게 기도하며 한참을 달렸다. 마침내 차가 멈추었다.

"오 하나님, 저의 마음이 확실히 정해졌고, 저의 마음이 편하고 든든해졌습니다. 내 마음이 확정되었고, 내 마음이 확정되었습니다^{시 57:7}. 아멘!"

나의 기도는 그들이 나의 두건을 벗기면서 멈추었다. 울창한 산림으로 둘러싸인 곳에서 30여 명의 총을 든 반란군이 서 있었다. 그들은 나를 나무로 지은 작은 움막으로 안내했다. 드디어 타밀 타이거스 지도자를 만나는 순간이었다. 그리고 그의 모습을 보는 순간 나는 오히려 마음이 편안해졌다. 웃을 때 정돈되지 않은 긴 수염 사이로 드러나는 하얀 치아를 보자 도무지

폭탄 테러를 일으키는 반군의 지도자와 연결이 되지 않은 까닭이었다.

그는 왜 자신을 만나고자 했냐고 물었다. 나는 일단 정중하게 인사했다. 그는 미소를 띠며 앉으라고 했다. 겉으로는 태연하고 평안한 모습을 보이려고 애썼지만 심장은 무섭게 뛰고 있었다. 모든 것을 주님께 맡기는 전적인 믿음으로 그에게 총회를 방해하지 말 것을 당부했다. 대략 정리하면 이러했다.

"반군이 이 대회를 방해해서 결국 취소하게 할 수는 있다. 그리고 행사 개최를 못하게 함으로써 국제 사회에서 스리랑카 정부의 체면을 구길 수도 있다. 그러나 그럼에도 타밀 타이거즈의 독립을 성취하는 데는 전혀 도움이 되지 않을 것이다. 왜냐하면 당신들은 스리랑카 정부를 상대로 싸우고 있다고 생각하겠지만, 국제 사회는 당신들이 에이즈 퇴치 운동을 방해한다고 생각할 것이기 때문이다. 우리는 에이즈로 고생하는 어려운 사람들을 돕기 위해 에이즈 퇴치 운동을 하고 있다. 우리 총회를 방해해서 결국 열리지 못하게 한다면, 국제 사회는 당신들을 에이즈로 고통 받는 사람들을 이용해 독립을 쟁취하려는 야비한 사람들로 인식하게 될 것이다."

그는 한마디 말도 없이 내 눈을 똑바로 응시할 뿐이었다. 순간 나는 속으로 하나님께 여쭀다. '주님, 저 사람이 왜 아무 말도 하지 않는 건가요? 계속 말을 해야 할까요?' 상대방의 생각을 알려면 그도 말을 해야 하는데 그냥 듣기만 하니 나는 속으로 당혹스러웠다. 말하는 사람은 나와 통역하는 사람뿐이었다.

그의 침묵은 정확히 무엇을 의미하는지 모르겠으나 나쁘지는 않았다. 최소한 그가 나의 말을 경청하고 있으니 말이다. 나는 그에게 아시아·태평양 에이즈총회 개회식에서 연설할 수 있는 기회를 주겠다고 제안했다. 물론 나는 그가 총회 개회식에서 연설하는 것은 적절하지 않다고 생각했다. 하지만 그들의 방해 없이 대회를 치르고 싶은 나의 진심을 전달하고 싶었다. 에이즈와 반군의 독립은 아무런 연관관계가 없으므로 스리랑카 정부는 물론 조직위원회도 이 제안을 받아들이지 않을 것이다. 더구나 스리랑카 대통령이 개회식 연설을 하기로 되어 있었다. 대통령이 반군 지도자와 함께 앉아 있는 상황은 실현 가능한 그림이 아니었다.

하지만 이미 땅에 떨어진 말이었다. 더 이상 주워 담을 수 없었다. 잠시 정적이 흘렀다. 내 이야기를 가만히 듣기만 하던 그가 드디어 입을 열었다. 의외로 차 한 잔 하겠냐고 했다. 나는 반가움에 주면 고맙다고 했다. 울창한 숲속에서 총을 든 반군들에 둘러싸여 마시는 차 한 잔이라니, 썩 어울리지 않는 풍경이었다.

스리랑카의 유명한 홍차가 나왔다. 그는 150년 전 영국이 차 생산을 위해 인도의 타밀족들을 스리랑카로 이주시킨 이래 오늘날까지 타밀족 여성들이 찻잎 따는 일을 하고 있다고 설명했다. 그렇게 위험한 상황인데도 찌그러진 알루미늄 그릇에 나온 따뜻한 홍차는 나의 얼었던 심장을 녹이기에 충분할 만큼 세상 최고의 맛이었다.

그는 여전히 나의 제안에 대해 아무런 말도 하지 않았다. 하지만 나는 차를 맛있게 마신 뒤 그를 똑바로 바라보면서 아시아·태평양 에이즈총회를 예정대로 콜롬보에서 개최하겠다고 말했다. 그는 아무 말 없이 입가에 밝은 미소를 띠었을 뿐이었다. 그러자 부하가 다가오더니 미팅이 끝났으니 가자고 했다.

나는 그와 작별 인사를 하고 차로 향하면서 그의 부하에게 그의 생각이 무엇이냐고 물었다. 그도 입가에 미소를 띨 뿐이었다.

나는 다시 두건을 쓰고 그들과 처음 만난 장소로 돌아왔다. 돌아오는 차 안에서 나는 내내 '예수 이름으로, 예수 이름으로 승리를 얻겠네'를 불렀다. 주님은 황무지에서, 짐승이 부르짖는 광야에서, 나를 만나시고 호위하시고 보호하시며 눈동자같이 지켜 주셨다^{신 32:10}!

나는 이 일 이후로 웬만한 일에도 두려움이 없는 강한 심장을 갖게 되었다. 나는 돌아온 후 스리랑카 정부에 협상 내용을 알려 주었고, 예상대로 그들은 타밀 타이거즈가 참석하는 한 대통령은 에이즈총회에 참석할 수 없다고 했다. 하지만 내 가슴속엔 총회가 무사히 진행될 것이란 확신이 자리 잡고 있었다.

2007년 8월 총회는 무사히 개최되었다. 물론 타밀 타이거즈는 오지 않았고, 행사가 진행되는 컨벤션센터 주위로 수백 명의 무장 군인이 둘러쌌다. 행사 3개월 전에 시내에서 버스 폭발이 있었고, 2개월 전에는 공항 폭발 사건이 있었지만, 행사를 마칠 때까지 아무런 불상사도 일어나지 않았다. 참석자가 여느 총회 때보다 적었지만 총회는 성공적으로 마칠 수 있었다.

스리랑카에서 아시아·태평양 에이즈총회를 마친 2년 뒤인 2009년 반군 타밀 타이거즈는 라자팍사 대통령이 이끄는 정부군에 의해 격파되어 스리랑카 땅에서 역사의 뒤안길로 사라졌다.

나는 이때 내가 바람 부는 광야에 피어난 풀 한포기처럼 정말 힘없는 존재라는 걸 다시 한 번 깨달았다. 타밀 타이거즈와 깊은 숲속에 있을 때 내 힘으로 나를 지킬 수 있는 도구와 방법은 전혀 없었다. 나의 생명도 미래도 전적으로 그들의 판단에 달려 있었다. 눈으로 보이는 현실에는 소망을 둘 게 없었다. 내 편은 단 한 명도 없었기 때문이다. 그러나 두렵지 않다. 소망을 하나님께 두자^{딤전 6:17}, 저들이 함께하는 자는 육신의 팔이요, 나와 함께하는 자는 하나님 여호와^{대하 32:8}기 때문이다.

사자굴에 던져진 다니엘이 오직 주님께만 소망을 두었듯이, 그 다니엘을 하나님의 천사가 도와 사자의 입을 막았듯이, 그리하여 생채기 하나 없이 무사히 사자굴을 빠져나왔듯이, 나는 하나님께만 소망을 둠으로 타밀 타이거즈가 빽빽이 둘러싼 숲에서 무사히 돌아올 수 있었다.

"하늘에 계시는 주여 내가 눈을 들어 주께 향하나이다"(시 123:1).

바벨론에서 돌아온 유다 백성이 예루살렘 성전을 올라가며 부른 순례자의 노래가 바로 이 시편이다. 나 역시 이 노래를 부르며 무사히 돌아왔다.

"내가 네게 명령한 것이 아니냐 강하고 담대하라 두려워하지 말며 놀라지 말라 네가 어디로 가든지 네 하나님 여호와가 너와 함께하느니라"(수 1:9).

모세의 뒤를 이어 이스라엘의 지도자가 된 여호수아가 이스라엘 백성을 데리고 약속한 땅으로 들어가라는 하나님의 말씀을 듣고 두려워 나아가지 못했을 때, 하나님은 그에게 이같이 말씀하셨다. 이 말씀은 내 일상에서 힘이 되고 용기가 되고 있다.

◇◇ 고통 없는 기부금

하나님은 내게 다양한 국제기구들과 함께 세계의 어려운 사람들을 돕는 활동의 기회를 주시는 동시에 넓은 세상을 보게 하셨다. 유엔에이즈, 세계보건기구, 빌게이츠재단, 클린턴재단, 국제기금$^{The Global Fund}$, 에이즈 구제를 위한 대통령 긴급계획^{PEPFAR}, 국제에이즈학회^{IAS}, 국제의약품구매기구 ^{UNITAID} 같은 국제기구들과 일을 하며 다양한 인종, 언어, 문화, 사고들을 접할 수 있었다. 그리고 주님은 사람이 겪는 적나라한 고통의 실상을 보게 하셨다.

유엔에이즈는 1994년 유엔에서 에이즈 퇴치를 위해 세운 기구이며 스위스 제네바에 본부가 있다. 사람을 괴롭히는 질병이 많지만 유엔에서 단일 질병을 대상으로 국제기구를 만든 것은 에이즈가 유일하다. 전 세계 3670만 명의 감염자가 있는데, 1년에 2천~4천만 원의 치료비를 감당할 수 없는 대부분의 감염자와 환자들이 아프리카와 아시아에 살고 있다. 이러한

이유로 이들을 돕기 위해 유엔에이즈가 나서게 되었다. 나는 유엔에이즈 초
대 대표이자 에볼라 바이러스를 세계 최초로 발견한 피터 피오트Peter Piot 그
리고 두 번째 대표인 미셸 시디베와 긴밀히 협조하며 일했다.

특히 피터 피오트 박사와 나는 에이즈 발견 50주년이 되는 2031년
에 에이즈가 세상에 어떤 영향을 미칠 것인지를 예측하는《AIDS: Taking a
Long-Term View》를 뉴욕에서 공동 출간했다. 코피 아난 전 유엔사무총장
과 하버드대학 폴 파머 교수가 논평했듯이, 이 책은 왜 국제 사회가 에이즈
를 장기적인 안목으로 바라봐야 하는지, 그리고 지금 우리가 어떤 전략과 행
동을 취하느냐에 따라 미래 수백만 명의 생명을 살리기도 죽이기도 한다는
것을 보여 주고 있다. 그리고 우리 앞에 놓인 도전과 기회를 포함해 향후 20
년간 우리 인류가 가야 할 로드맵을 제시하고 있다.

클린턴재단은 1997년 빌 클린턴 전 대통령에 의해 '미국과 전 세계에
살고 있는 사람들이 세계가 당면한 도전에 대처할 수 있는 능력을 향상시킨
다'는 목표로 설립되었다. 클린턴재단은 특히 에이즈의 치료약 비용을 줄여
서 더 많은 에이즈 환자들이 치료 혜택을 받을 수 있도록 하는 데 노력을 기
울이고 있다.

현재 개발도상국의 에이즈 치료가 필요한 사람들 중 2/3가 치료를
받지 못하고 있다. 2002년 전 세계 저개발국과 개발도상국에 살고 있는 치
료가 필요한 에이즈 환자 중 20만 명만이 매년 1200만 원이 넘는 치료비를
내고 치료를 받고 있었다, 그러나 10년 만에 800만 명 이상이 에이즈 치료를
받게 되었고, 연간 에이즈 치료 비용을 100달러 내지 200달러로 낮출 수 있

었다. 획기적인 진전이었다.

　나는 아시아·태평양 에이즈 학회장으로 있을 때 클린턴재단이 개발한 치료비를 낮출 수 있는 방법들이 아시아 국가들의 보건 정책에 반영될 수 있도록 힘써서 더 많은 사람들이 에이즈 치료 혜택을 받도록 했다.

　세계보건기구^{WHO}는 1948년 유엔이 설립하여 스위스 제네바에 본부를 둔 기구다. 설립된 이래 20여 년의 노력 끝에 1979년 천연두를 완전히 퇴치하는 데 성공했다. 이는 인간에 의해 퇴치된 최초의 질병이다. 전염병으로 인한 질병과 사회적 경제적 부담을 줄이는 데 주력하고 있으며, 특히 에이즈, 말라리아, 결핵 같은 전염병을 중점 사업으로 다루고 있다. 비전염병인 암이나 심장병도 다룬다. 아울러 공기, 음식, 물, 약, 백신의 안전 확보를 위해 노력하고 있다.

　국제기금은 에이즈, 결핵, 말라리아 퇴치를 위해 2002년 설립되었으며 스위스 제네바에 본부를 두고 있다. 지난 2016년까지 300억 불^{36조 원}을 세 가지 질병 퇴치를 위해 투자했다. 말라리아 방지를 위해 살충제가 처리된 6억 5900만 개의 모기장을 제공했고, 1500만 명에게 결핵 치료를 제공했으며, 920만 명에게 에이즈 치료를 제공했다. 미셸 카작크킨^{Michel Kazatchkine} 전 대표가 나의 파트너였다.

　빌게이츠재단은 2000년에 설립했으며 미국 시애틀에 본부를 두고 있다. 세계에서 가장 크고 가장 투명하게 운영되고 있는 민간 기구다. 전 세계적으로는 건강 증진과 가난 퇴치에 목표를 두고 있으며, 미국에서는 교육 기회의 확장과 정보통신 인프라 확장을 목표로 하고 있다. 450억 불^{54조 원}의 기금을 갖고 있으며, 빌 게이츠는 재단에 280억 불³³조 ⁿ의 기금을 출연했다. 재단은 에이즈, 말라리아, 결핵에 걸린 아프리카 어린이들을 치료하기 위해 수십조 원의 기금을 기부했다.

그런데 흥미로운 사실이 있다. 특정 질병들에 갑자기 많은 기금이 유입되다 보니 다른 질병 영역에서 일하던 인력들이 돈이 있는 에이즈, 말라리아, 결핵 쪽으로 몰리게 되었고, 결국 다른 질병 분야에서 공동화 현상이 일어난 것이다.

나는 빌 게이츠를 어렵게 만난 적이 있다. 그 당시 빌 게이츠는 주로 아프리카에 많은 기금을 기부하고 있었는데 아시아에도 기부하기를 부탁하기 위해 만난 것이다. 국제에이즈학회 사무총장으로 일하던 크레이그 맥클루가 이 과정에서 많은 도움을 주었다. 빌 게이츠는 이제 아시아에도 관심을 기울여 달라는 나의 요청에 아시아는 아프리카처럼 에이즈가 심각하지도 않고 경제 상황도 훨씬 좋은데 왜 후원을 해야 하느냐고 반문했다.

나는 지금 아시아와 태평양 지역에 480만 명이 에이즈와 살고 있는데, 2200만 명이 에이즈와 살고 있는 아프리카도 한때는 480만 명이었을 때가 있었다고 설명했다. 지금 아시아에 신경 쓰지 않으면 아시아도 아프리카처럼 에이즈가 창궐하는 지역이 될 것이라고 했다. 그리고 전체 감염자 중에서 국가 경제를 이끄는 20~50대가 70퍼센트를 차지하고 있으며, 이들이 무너지면 시장 경제에 영향을 미칠 것인데 그러면 마이크로소프트사에게 큰 시장인 아시아가 타격을 받게 될 것이라고 했다. 그러므로 에이즈가 아시아의 시장 경제에 나쁜 영향을 주고 급기야 심각한 타격을 주기 전에 미리 관리해야 한다고 역설했다. 빌 게이츠는 나의 설명을 듣고 선뜻 50만 불을 지원해 주었다. 나는 이 기금으로 인도네시아의 에이즈 어린이와 미혼모의 치료비로 사용했다.

국제의약품구매기구^{UNITAID}는 2006년에 설립되었으며 제네바 세계보건기구 안에 본부를 두고 에이즈, 말라리아, 결핵 치료약과 진단시약이 필요한 사람들에게 전달하고 있다. 이 기구는 지속가능한 기금을 마련하여 클린턴재단, WHO, 글로벌펀드, 유엔에이즈 등 질병 퇴치 프로그램을 직접 운영하는 기관들이 일할 수 있도록 기금을 제공하는 일을 한다. 나는 국제의약품구매기구와 일하면서 내가 그동안 공부하고 경험한 통섭적 사고와 전략을 발휘할 수 있었다. 나는 아시아를 대표해서, 아프리카를 대표하는 전 보츠와나 보건복지부 장관인 조이 푸마파이, 그리고 미국 질병관리센터 소장을 지냈고 지금은 에모리대학 보건대학 학장이자 아메리카 대륙을 대표하는 제임스 큐란 교수와 팀이 되어서 국제의약품기구의 운영을 평가하며 앞으로 나갈 방향을 점검하고 자문을 해 주는 역할을 했다.

국제의약품구매기구는 세계 어디서도 시도된 적이 없던 매우 혁신적이고 창의적인 기금 유치 방법을 개발했다. 지금까지 모든 기관들은 정부나 기업 혹은 독지가들로부터 후원금을 유치하여 어려운 사람들을 도와주었다. 에이즈 퇴치도 마찬가지로 후원금을 정부나 세계적인 부호들로부터 받아 돈이 없어서 치료를 받지 못하는 아프리카나 아시아의 가난한 환자들에게 치료 혜택을 제공했다. 그러나 뉴욕발 금융위기 이후 세계 경제가 계속 나빠지면서 정부와 기업의 사정도 점점 어려워졌다. 이러한 경제 불황은 기부금에도 영향을 주었다. 정부는 에이즈 예방과 치료에 대한 예산을 삭감하게 되었고 자연히 치료 혜택을 받는 환자들이 줄어들었다. 기업도 마찬가지다. 기업의 매출과 이익이 줄어들면서 기부금 액수가 줄었다. 이에 따라 정부나 기업의 후원금에 의존하던 기구들의 기금 유치 실적이 크게 줄었고, 이는 아프리카와 아시아의 에이즈 환자들에게 타격을 주었다.

국제의약품구매기구는 기존의 기금 유치 방법으로는 에이즈 퇴치가 어려울 것이라 판단해서 경제 상황과 관계없이 지속적으로 기금을 유치할 수 있는 혁신적인 방법을 모색하기 시작했다. 그렇게 해서 나온 것이 지금껏 어느 누구도 생각해 본 적 없던 '항공연대기금'이다.

아마 대부분의 사람들이 잘 모르고 있었겠지만, 모든 사람이 그동안 대한항공이나 아시아나항공을 타고 외국에 갈 때마다 천 원을 기부해 왔다. 비행기표 값이 150만 원이라면 150만 천 원을 낸 것이다. 항공사는 승객으로부터 천 원을 더 받아 정부에 전달한다. 그러면 정부는 매년 400억 원 정도를 거두어 에이즈, 말라리아, 결핵 퇴치 노력을 하고 있는 국제의약품구매기구로 보내 준다. 이처럼 사람들이 국제선 비행기를 탈 때마다 아프리카에 있는 가난한 에이즈, 말라리아, 결핵 환자들을 돕고 있었던 것이다. 이 기회에 모든 분들께 감사를 드린다.

이러한 기부금을 '고통 없는 기부금'painless contribution이라고 한다. 즉 우리가 비행기표를 구입할 때 천 원 정도 더 낸다고 해서 아깝다는 생기○ 안든다. 기부는 하고 있거니 비행기 요금에 비해 너무 적은 액수이기 때문이다. 즉 기부하면서 부담이 안 가는 아주 적은 액수라고 해서 '고통 없는 기부금'이라고 부르며, 항공비와 연계되어 기부한다고 해서 '항공연대기금'이라고도 한다. 보통 만 원, 혹은 십만 원을 기부하라고 하면 기부할까 말까 고민하게 된다. 그러나 100만 원이 넘는 비행기 요금을 지불하면서 천 원을 더 낸다고 해서 줄까 말까 고민하지는 않는다.

국제의약품구매기구 창설에 앞장섰던 프랑스 정부는 이러한 항공연대기금에 가장 적극적이어서 국내선 1유로, 국제선 4유로, 비즈니스와 일등석은 국내선 10유로, 국제선 40유로를 걷으며, 매년 1400억 원 정도를 기부하고 있다. 지금은 29개 회원국 중 프랑스, 한국, 칠레, 카메룬, 콩고, 니제르, 마다가스카르, 말리, 모리셔스 9개국이 항공연대기금에 참여하고 있다. 미국, 독일, 영국, 호주, 스위스, 스페인은 비행기를 탈 때마다 후원할 것인지의 여부를 승객들이 선택할 수 있도록 하고 있고, 노르웨이는 이산화탄소 방출 세금의 일부분을 제공하고 있다. 영국은 항공연대기금 대신 수년 계약으로 기금을 내고 있다. 한국은 '국제가난퇴치기금'으로 한국에서 떠나는 국제선에 천 원을 세금으로 걷고 있다.

국제의약품구매기구는 설립 이래 24억 불$^{2조 9천억 원}$ 이상의 기금을 마련했으며 이 기금의 최소 85퍼센트는 저개발국에 지원하고 있다. 그 덕분에 에이즈, 말라리아, 결핵으로 고생하고 있는 아프리카 백만 명 이상의 어린이들이 무료로 치료를 받고 있다.

국제의약품구매기구는 가능한 한 많은 환자들이 치료 혜택을 받게 하기 위해 항공연대기금 이외에 '시장개입'$^{Market Intervention}$이라는 또 다른 혁신적이고 창의적인 방법을 개발했다. 의약품 제약 시장에 직접 개입하여 약값을 떨어뜨리는 것이다. 즉 한 명을 치료하는 데 만약 만 원이 든다면, 약값을 5천 원으로 떨어뜨려 두 명이 치료 받게 하는 것이다. 시장개입 방안은 세계 경제 상황이 안 좋아지면서 제한된 기금으로 더 많은 어려운 사람들에게 치료 혜택이 돌아가게 하겠다는 생각에서 만들어진 방안이다.

　　만약 특정 에이즈 치료약을 만들어 파는 회사가 하나라면 그 회사가 시장을 독점하고 있기 때문에 약값을 원하는 대로 올릴 것이다. 이 경우 국제의약품구매기구는 의약품 시장을 더 크게 만들어 제약사가 시장에 들어와 경쟁하도록 유도한다. 즉 공급supply을 늘리는 것이다. 이렇게 같은 의약품을 생산 판매하는 회사가 더 많이 시장에 들어오도록 해서 경쟁을 유도하면 약값이 내려가게 된다. 한편 시장에 경쟁하는 제약사가 너무 많으면 약값은 떨어질 수 있지만 제약사가 돈을 못 벌어 사업을 접고 시장을 떠날 수 있고 혹은 약의 질이 떨어질 수 있다. 이런 경우에는 약을 찾는 수요demand를 늘려, 즉 시장의 규모를 더 크게 만들어 제약사가 시장을 떠나지 않고 사업을 하도록 유도한다.

　　에이즈약은 매우 비싸서 주로 선진국의 환자들이 치료 혜택을 받고 있지만, 말라리아나 결핵은 선진국형 질병이 아니기 때문에 다국적 제약회사는 이러한 약을 제조 판매하는 것을 꺼린다. 아프리카 시장은 크지만 가난한 사람들을 상대로 비즈니스를 해야 하기 때문에 기업에겐 매력적이지 않다. 그들은 비싼 약을 팔고 싶어 하므로 비싼 약을 구매할 수 있는 사람들이 사는 선진국 시장을 선호한다. 국제의약품구매기구는 이때 제약사들이 아프리카 시장에 매력을 느껴 비즈니스할 수 있도록 시장을 키워 그들이 들어

오도록 유도하는 것이다.

이렇게 시장에 직접 들어가서 수요와 공급을 조절하는 것을 시장개
입이라고 한다. 그러나 무조건 약값이 떨어진다고 좋은 것은 아니다. 약의
효능이 유지되어야 한다. 효능이 떨어져서 결국 더 많은 약을 써야 한다면
비용이 그만큼 늘어나기 때문이다. 이렇듯 약의 효능은 유지하면서 가격은
저렴하게 시장에서 거래되도록 개입하는 것이 시장개입의 목적이다. 이러
한 이유로 국제의약품구매기구에 가면 질병 퇴치를 위해 싸우는 기구임에
도 불구하고 나 같은 생물학자나 의사보다는 경제학자들이 더 많다.

나는 하버드 케네디스쿨에서 사회과학을 공부할 때 생물학 교수가
머나먼 이국땅까지 와서 왜 전공과 다른 분야를 공부하고 있나 하는 의구심
이 들곤 했다. 하지만 국제의약품구매기구에 들어와 보니 하나님께서 사회
과학 공부를 시킨 이유가 여기에 있음을 깨달았다. 국제의약품구매기구가
개발한 '고통 없는 기부금' 제도나 '시장개입' 제도와 같은 혁신적인 방법들
은 자연과학과 사회과학을 융합한 통섭적인 사고와 훈련을 요구하는 것들
이었다.

나는 국제의약품구매기구에서 사람들이 비행기를 탈 때마다 후원되
는 천 원으로 백만 명 이상의 어린이들을 치료하면서, 예수님이 갈릴리 호숫
가 빈들에서 많은 무리 중에 병든 자를 고쳐 주시고, 한 어린아이가 내놓은
보리떡 다섯 개와 물고기 두 마리로 5천 명의 사람들을 먹인 '오병이어'의
기적을 떠올린다. 매달 15달러씩 45년이나 나를 후원한 에드나 어머니도 내
가 이런 일을 하리라 생각하지 못했을 것이다. 어린아이가 그냥 오병이어를

내놓은 것처럼, 에드나 어머니도 한국의 어린이에게 작은 도움을 준다는 생각으로 15달러를 내놓았을 것이다. 미국에서 온 15달러의 원조를 받은 나도 나중에 커서 나처럼 가난한 어린이를 돕게 될 것이라고는 상상도 못했다. 그런데 나는 지금 그런 일을 하고 있다. 15달러를 받고 자란 아이가 지금 수백만 명의 에이즈 어린이를 돕기 위해 세상을 뛰어다니고 있다. 이것이야말로 오병이어의 기적이 아니겠는가.

내가 받은 하나님의 사랑, 에드나를 통해 나에게 흘러온 주님의 사랑, 이제 그 사랑을 다른 사람들에게 흘러가게 하고 싶다. 그 일을 위해 주님의 도구가 되고 싶다.

"네 믿음이 크도다 네 소원대로 되리라"(마 15:28).

◇◇ **영어와 후츠파 정신으로 도전하다**

나는 이렇게 주님이 제공해 주신 교육과 훈련으로 세상을 뛰어다니며 일할 수 있었다. 그러나 모든 교육이 중요했지만, 그중에 가장 중요한 것을 꼽으라면 '영어'라고 대답하겠다. 국제 무대에서는 무엇보다 외국인들과 소통할 수 있어야 한다. 그렇지 않으면 어떤 일도 하기 힘들다. 기업도 비즈니스를 하려면 영어를 해야 하고 학자들도 국제 학회에서 연구 결과를 발표하려면 영어를 할 줄 알아야 한다. 세계와 소통하려면 이제 영어는 필수다.

혹자는 미국의 국력이 쇠퇴해서 영향력이 줄어들면 새로운 국제 공용어가 등장할 것이라고 말한다. 그러나 그럴 가능성은 없다고 본다. 이미 많은 사람들이 영어를 사용하고 있기 때문이다. 현재 전 세계 13퍼센트의 인구가 영어를 사용하는 원어민이며, 원어민은 아니지만 영어로 의사소통이 가능한 사람도 38퍼센트나 된다. 전 세계 인구의 절반이 영어로 의사소통이 가능한 것이다. 국제기구의 공식 언어도 영어이며 미래를 책임질 전 세계 아이들도 학교에서 영어를 배운다. 우리는 이미 영어가 제2모국어인 시대에 살고 있는 것이다.

내가 아무리 에이즈 관련 공부를 많이 했다 해도 외국인들과 소통할 수 없었다면 에이즈 퇴치 운동에 뛰어들 수 없었을 것이다. 전 세계 사람들이 공조해서 전개하는 일이기 때문이다.

함께 일하는 외국 동료들이 내게 영어를 어디서 배웠느냐고 종종 물어본다. 애리조나대학의 지도교수인 스털링 교수도 "조 박사는 미국에서 공부를 마치고 한국에서 살고 있는데, 왜 볼 때마다 영어 실력이 향상되어 있느냐?"고 묻는다. 나는 그저 웃어넘기지만, 사실 지금도 영어 공부를 하루도 빠지지 않고 하고 있다.

미국 유학 중에는 말을 많이 할 필요가 없었다. 주로 실험실에서 연구하고 결과를 만들어 내는 일에 몰두했기 때문이다. 그래서인지 자연과학을 전공한 사람들은 미국에서 박사학위를 받았어도 영어를 유창하게 하지 못한다.

하지만 국제 사회에서 활동하려면 전공을 넘어서 정치, 경제, 문화 등 다양한 영역에서 소통할 수 있는 영어 실력이 필요하다. 그래서 한국에 돌아온 후 영어를 제2모국어처럼 하기 위해 영어 공부를 했다. 전공과 다른 주제에 대해 말하고 듣는 실력이 특히 부족했으므로 미국 CNN, 영국 BBC, 아리랑 TV와 자주 접했다. 이들 방송은 정치, 경제, 문화, 역사 등 다양한 주제들을 접할 수 있는 아주 좋은 교과서였다. 한국에 돌아와서도 따로 영어 공부할 짬이 나지 않았기 때문에 집에서 쉴 때, 운동할 때, 청소할 때마다 영어 방송을 틀어 놨다.

나는 어렸을 때부터 영어를 배운 게 아니라 공부를 위해 토플 위주로 영어를 배웠기 때문에 생활영어에 매우 약했다. 그런 까닭에 신문 회화 코너에 나오는 표현을 매일 암기했다. 오늘 아침에도 전철에서 'I had a fender-bender on the way here'여기 오는 길에 경미한 접촉 사고가 있었어요라는 표현을 익혔다. 한편 외국 동료들과 미팅 후 저녁이나 파티 자리에서 그들이 즐거운 시간을 보내면서 사용하는 표현을 익히려 노력했다.

영어 실력은 하루아침에 늘지 않기 때문에 무엇보다 인내가 필요하다. 거북이 토끼를 이길 수 있었던 것은 느리지만 쉬지 않고 계속 갔기 때문이다. 조금씩 해도 좋으니 매일 하는 습관이 중요하다. 나는 미국 유학에서 한국으로 돌아온 뒤 지금까지 30년 가까이 매일 영어를 조금씩이라도 공부하고 있다. "개미에게 가서 그가 하는 것을 보고 지혜를 얻으라 개미는 두령도 없고 감독자도 없고 통치자도 없으되 먹을 것을 여름 동안에 예비하며 추수 때에 양식을 모으느니라"잠 6:6-8라는 말씀처럼, 언어를 정복하는 것은 개미처럼 성실한 인내가 필요하다. 록펠러는 "어떤 종류의 성공과 축복이든 인내보다 더 필요한 자질은 없다"고 했다. 인내는 모든 것, 천성까지 극복하게 한다. 우리 신앙과 삶에서도 가장 위대한 덕목은 인내하는 것이다.

> "길이 참고 마음을 굳건하게 하라… 보라 인내하는 자를 우리가 복되다 하나니"(약 5:8, 11).

> "낙심하지 말지니 포기하지 아니하면 때가 이르매 거두리라"(갈 6:9).

> "너희에게 인내가 필요함은 너희가 하나님의 뜻을 행한 후에 약속하신 것을 받기 위함이라"(히 10:36).

인내는 반드시 축복으로 이어진다. 인내는 우리의 소원과 하나님의 약속이 성취되는 시간의 간격을 메워 준다. 주님께서 예비하신 밝은 미래가 우리에게 임하게 된다는 사실을 기억하며, 끝까지 인내의 믿음으로 승리하길 바란다.

돌아보면, 영어를 익히는 과정이나 세계를 무대로 뛰어다닌 열정과 도전정신은 유대인의 '후츠파' Chutzpah 정신에서 많은 영향을 받은 것 같다. 후츠파는 유대인과 이스라엘 특유의 도전정신을 의미하는 말로, 원래 히브리어로 '뻔뻔함', '무례함', '저돌적임', '담대함'을 뜻한다.

유대인은 어려서부터 형식과 권위에 얽매이지 않고, 끊임없이 질문하고 도전하며, 때로 뻔뻔하면서도 자기 생각을 당당하게 주장하는 특유의 민족성을 가진 민족이다. 사람들은 그들의 이 같은 특징을 후츠파 정신이라고 말한다. 이를 7가지로 정리하면 다음과 같다.

각료 회의에서 손수 차를 타서 마시는 '형식 타파'Informality, 직위에 상관없이 모두가 평등하게 묻고 답하는 '질문할 권리'Questioning Authority, 어디서든 누구와도 잘 어울리는 '섞임'Mashing up, 실패를 담보로 위험한 일에도 뛰어드는 '위험 감수'Risk Taking, 부와 명예 그리고 생존을 위해 목표를 수립하고 철저한 실행으로 사명을 완수하는 '목표 지향성'Mission Orientation, 집요하리만치 '끈질김'Tenacity, 그리고 혹시 실패하더라도 실패로부터 얻은 교훈을 바탕으로 다시 시작하는 '실패로부터의 교훈'Learning from Failure.

이 같은 후츠파 정신은 오늘날 유대인을 세계를 이끄는 민족으로 우뚝 서게 했다. 유대인은 모두 1730만 명밖에 안 되지만, 미국 역대 노벨상 수상자의 23퍼센트, 아이비리그 학생의 30퍼센트, 억만장자의 40퍼센트를 차지하는 미국을 움직이는 손이다. 발명가 토머스 에디슨, 영화감독 스티븐 스필버그, 물리학자 아인슈타인 등이 유대인이다. 이스라엘은 인구 870만여 명, 국토는 우리나라 면적의 5분의 1밖에 안 되는 작은 나라이고 자원도 매우 부족하지만 나스닥 상장 기업 수는 미국과 중국 다음으로 가장 많다.

우리나라는 '가만히 있으면 중간이라도 간다'는 말이 있을 정도로 자신의 주장을 펼치기를 두려워하고, 실패를 두려워한다. 그러나 이 책을 읽는 독자들은 중간에 머무르지 말고 배움의 환경이나 일터에서 후츠파 정신으로 당돌하고 뻔뻔하게 도전하여 예수님과 함께 승리하길^{고전 15:57} 바란다. 하나님께서 복을 주시고 지켜 주셔서^{민 6:24}, 국제기구의 리더나 미국 나스닥에 기업을 상장하여 세계를 품는 기독 실업인도 나오기를 소망한다. 강하고 담대하고, 두려워하지 말고, 떨지 말기^{신 31:6} 바란다. 하나님께서 믿음 안에서 기쁨과 평강으로 충만하게 하시고 성령의 능력으로 넘치는 소망을 갖게 하셔서^{롬 15:13}, 하나님의 세계 경영에 참여하는 '영어'로 무장된 성령의 사람, 말씀의 사람, 기도의 사람이 되기를 소망한다.

2030년 에이즈 정복 선언

나는 지난 5월 방글라데시에서 개최된 아시아·태평양 에이즈총회 기조연설에서 유엔에이즈의 목표인 2030년까지 에이즈 정복이 가능하다고 선언했다. 에이즈 정복을 위한 73조 원의 재원 마련도 가능하다고 선언했다.

유엔에이즈는 에이즈를 정복하기 위해 2020년까지 '90-90-90' 그리고 2030년까지 '95-95-95'를 이루자는 목표를 설정했다. 즉 에이즈바이러스에 감염된 사람의 95퍼센트가 감염 사실을 알게 하고, 양성으로 판정된 감염자의 95퍼센트가 지속적인 에이즈 치료를 받게 하며, 치료를 받고 있는 사람의 95퍼센트가 치료 효과를 보게 한다는 것이다. '95-95-95' 목표를 달성한다면 2030년까지 에이즈를 정복할 수 있다고 예상한다. 현재 에이즈 백신이 없는 상황에서 에이즈 정복을 위해서는 치료를 받는 사람이 증가해야 한다. 치료가 에이즈를 정복할 수 있는 가장 중요한 도구이며 에이즈 전염을 획기적으로 줄일 수 있다. 통계에 의하면 치료율이 1퍼센트 증가하면, 전염률이 1.2퍼센트 감소하는 것으로 나타났다.

에이즈 치료약이 없던 시대에는 선진국의 20세 청년이 감염된 경우 12.5년 뒤에 사망했다. 그러나 좋은 치료약들이 출시된 후 지금은 감염이 되어도 55년을 더 살 수 있다. 이것은 감염이 안 된 사람이 60년을 더 사는 것과 비교하면 별 차이가 없는 수치다. 획기적인 발전이 아닐 수 없다. 개발도상국에서도 에이즈 치료가 도입된 이후 에이즈 발병률이 줄어들고 사람들의 평균 수명도 증가 추세를 보이고 있다.

에이즈 치료 혜택을 늘리면 그 나라의 경제도 향상시킬 수 있다. 실제로 남아공의 경우 에이즈 치료를 확대할 수 있다면 330만 명의 새로운 감염을 막을 수 있고, 이것은 결국 2050년까지 에이즈 치료비로 사용될 300억 달러[36조 원]를 국가의 다른 분야에 투자할 수 있는 경제 효과가 나타날 것이라고 예측했다. 즉 330만 명이 에이즈로 인하여 경제 활동을 못할 수 있었는데, 이들이 치료를 받고 정상적인 경제 활동을 하게 된다면 생산성이 올라가고 국가 세수가 증가하는 등 국가 경제에 도움이 되는 방향으로 전환될 것이다. 이러한 자료는 에이즈가 창궐하는 아프리카 국가에서 에이즈 치료를 확대하는 것은 결국 경제 발전을 위한 좋은 투자라는 것을 보여 준다.

2016년 전 세계 감염자 3670만 명 중 53퍼센트에 해당하는 1950만 명이 치료를 받고 있다. 즉 아직 반 정도는 치료를 못 받고 있다. 그리고 14세 이하의 어린이 감염자 91만 9000명 중 43퍼센트가 치료 혜택을 받고 있다. 매년 24만 명의 어린이가 감염된 엄마를 통하여 에이즈바이러스에 감염된 채 태어난다. 이들이 에이즈 치료를 받지 않는다면 이들 중 50퍼센트는 두 살이 되기 전에 사망한다.

2030년까지 에이즈를 정복한다는 말은 그때까지 에이즈를 이 땅에서 완전히 소멸시키겠다는 말은 아니다. 고혈압이나 당뇨병은 완전히 퇴치되지는 않았지만 매일 약을 먹으면 인생을 살아가는 데 큰 지장이 없다. 선진국에 사는 에이즈 환자의 경우 앞에서 언급한 대로 20세에 감염되어 치료를 시작하면 75세까지 살 수 있다. 이러한 선진국 수준의 치료 혜택을 아프리카와 아시아의 저개발국 사람들에게도 돌아가게 하는 것이 목표다. 그러나 이들 국가가 단기간에 선진국으로 발전하는 것을 기대하기는 어렵기 때문에 이들 국가에 살고 있는 에이즈 환자들에게 무료 치료 혜택을 제공해야 한다. 2030년까지 전 세계 에이즈 환자들의 95퍼센트가 정상적인 치료를 받기 위해서는 73조 원의 재원이 필요하다.

나는 2030년까지 에이즈를 퇴치하여 더 이상 에이즈 때문에 고통 받는 사람들이 없는 세상을 만드는 일에 나름대로 기여하고 싶다. 국제의약품구매기구가 개발한 항공연대기금의 성공은 또 다른 가능성을 보여 준다. 이러한 방법을 확대해 다른 제품에도 적용하는 것이다.

예를 들어 현재 전 세계인들은 매일 커피 25억 잔을 소비한다. 커피한 잔이 3천 원이라고 한다면 여기에 단 1원의 에이즈 퇴치 기금을 더하여 소비자가 내게 하는 것이다. 다시 말해 커피 한 잔에 3천 1원을 받는다면 매일 25억 원의 기금이 들어오게 된다. 1원이 모여 매년 1조 원 가까운 후원금이 마련되는 것이다. 또 스마트폰을 구입할 때마다 천 원 정도를 더 내게 한다면 소비자는 큰 부담 없이 어려운 이웃을 도울 수 있다. 2천만 원짜리 자동차를 살 때마다 만 원 정도 더 내게 하여 2천 1만 원을 낸다고 해서 반대하는 사람은 없을 것이다. 냉장고를 살 때도 천 원 정도 더 내게 할 수 있다. 화장품에도 10원 정도 작은 기부금을 부과할 수 있다. 이렇게 우리의 일상 용품들을 구입할 때마다 부담이 거의 없는 작은 돈을 더 내게 하는 '고통 없는 후원금' 제도를 확대 적용한다면 적은 돈을 모아 큰돈을 만들 수 있다. 이렇듯 고통 없는 작은 기부가 일상이 된다면, 우리는 그냥 매일의 생활을 하면서 동시에 어려운 이웃을 도우며 사는 아름다운 사회를 만들어 갈 수 있다.

지금까지 우리는 후원금을 내는 것에 대해 많은 고민을 했다. 연말에 구세군 냄비를 볼 때마다 넣을까 말까 고민하다 지나간 적도 있을 것이다. 얼마를 내야 할까 생각하다가 그냥 지나친 적도 많을 것이다. 천 원을 내자니 좀 부끄럽고 만 원을 내자니 망설여지고…. 그뿐인가. 지하철에서 혹은 길거리에서 구걸하는 어려운 사람을 만날 때면 줄까 말까 고민하게 된다. 그리고 대개는 고민만 하고 결국 아무런 도움도 주지 못한다.

'고통 없는 후원금' 제도가 확대된다면 우리는 후원을 할까 말까 고민할 필요가 없다. 자연스럽게 매일 구입하는 물건마다 아주 작은 기부를 하며 살게 된다. 연말이 되면 후원 행사가 많아진다. 그러나 '고통 없는 후원금' 제도는 1년 365일 진행된다. 그리고 후원을 해달라고 요청할 필요도 없다. 정말 중요한 것은 상상도 할 수 없는 엄청나게 큰 후원금이 매일 매일 우리의 일상적인 삶을 통해 모아질 수 있다는 사실이다.

이처럼 제품 가격에 아주 적은 기부금을 부과하는 방법은 기업에게도 좋다. 기업이 그들의 제품을 팔아서 거두어들이는 후원금은 기업이 내는 돈이 아니다. 소비자가 내는 돈이다. 기업은 소비자가 낸 '고통 없는 후원금'을 모아서 기부단체 혹은 이웃에게 전달하면 된다. 기업은 소비자와 도움이 필요한 어려운 사람들 사이에서 후원금을 거두어 주는 중간자 역할을 하는 것이다. 기업은 자기 돈 안 들이고 뜻있는 일을 해서 좋고, 소비자는 적은 액수를 고통 없이 기부할 수 있어 좋고, 어려운 사람은 도움을 받게 되어 좋은, 기쁨이 3배가 되는 기부 방법이다.

특히 기업은 소비자에게 어려운 이웃을 돕고 있다는 좋은 인상을 주게 되어 기업 이미지 향상에 도움이 된다. 한편, 기업은 소비자가 낸 후원금으로 세제 혜택을 받을 수 있어서 더 좋다. 그리고 이로 인해 더 좋은 세상을 만들 수 있어서 더욱 좋다.

나는 우리 기독 실업인들이 먼저 이런 시도를 했으면 한다. 크리스천 사업가들이 시장에 팔고 있는 그들의 제품에 고통 없이 기부할 수 있는 후원금을 부과해서 판매하는 것이다. 신앙간증 집회를 다니면서 만난 어떤 성도는 카페를 오픈해서 커피 한 잔에 1원의 후원금을 부과하겠다고 했다. 중소기업을 경영하는 어떤 분은 매출의 1퍼센트를 어려운 사람을 돕는 일에 사용하겠다고 약속했다.

1퍼센트가 아니더라도 좋다. 0.1퍼센트도 좋다. 혹은 매출의 1퍼센트가 많다면 순이익의 1퍼센트도 좋다. 한 사람의 기여는 작게 보일 수 있으나 그 한 사람들이 모이면 어마어마한 후원금이 된다. 우리는 이미 국제의약품 구매기구의 구호 사업을 통해 천 원의 위력을 보았다. 아무 생각 없이 비행기를 탈 때마다 후원한 천 원이 모여서 백만 명이 넘는 에이즈 어린이들의 생명을 구하고 있는 것이다.

5천만 명이 하루 1원씩 후원해서 매달 30원을 후원한다면, 1년이면 180억 원의 후원금이 생긴다. 시냇물이 모여 큰 바다를 이루듯이 우리의 작은 사랑이 모아지면 이 세상을 더 좋은 세상으로 바꿀 수 있는 큰 사랑이 만들어진다.

우리가 구원 받은 것은 우리에게서 난 것이 아니고 하나님의 은혜이며 값없이 받은 선물이다엡 2:8. 우리는 주님의 은혜로 영생을 얻었다. 작은 선물을 받아도 기분 좋고, 집 한 채를 거저 준다고 하면 하늘을 날 정도로 기쁘다. 하물며 죽어도 하늘나라에 가서 영원히 살 수 있는 영생을 선물로 받았다면 이보다 더 큰 선물이 어딨겠는가. 비싼 자동차나 좋은 집과는 비교도 할 수 없는 선물이다. 재물이 아무리 많아도 재물을 갖고 하늘나라에 갈 수는 없다. 이러한 이유로 하나님이 주신 구원은 은혜요 너무 크고 소중한 선물이다.

"우리는 그가 만드신 바라 그리스도 예수 안에서 선한 일을 위하여 지으심을 받은 자니"(엡 2:10).

"나를 사랑하고 내 계명을 지키는 자에게는 천 대까지 은혜를 베푸느니라"(출 20:6).

우리는 가끔 하나님의 은혜로 이 땅에서 성공하기를 바라며 기도를 열심히 한다. 그러나 하나님을 마음과 목숨을 다하여 사랑하고, 이웃을 내 몸과 같이 사랑하는 것이 우리가 최종적으로 이룩해야 할 거룩한 사명임을 잊어선 안 된다. 예수님은 부자 청년에게 재산을 팔아 가난한 자들에게 주면 하늘나라에 상급이 있을 것이라고 하셨다^{막 10:21}. 재물은 하늘나라에 가지고 갈 수 없지만, 선한 일은 가지고 갈 수 있다. 그러므로 우리는 이 땅의 창고에 재물을 많이 쌓아 두는 것보다, 선한 일을 많이 하여 하늘나라의 창고를 풍성하게 하는 삶을 살아야 할 것이다. 그것이 훨씬 더 가치 있는 일임을 분명히 알아야 한다. 영원한 나라를 사모하며 그 나라의 도래를 위해 우리의 재물을 바칠 수 있는 믿음을 가져야 한다. 하늘 은행의 잔고는 하나도 없는데 세상 은행의 잔고는 넘치는 어리석은 삶을 살아서는 안 된다!

"너희를 위하여 보물을 땅에 쌓아 두지 말라 거기는 좀과 동록이 해하며 도둑이 구멍을 뚫고 도둑질하느니라 오직 너희를 위하여 보물을 하늘에 쌓아 두라 거기는 좀이나 동록이 해하지 못하며 도둑이 구멍을 뚫지도 못하고 도둑질도 못하느니라"(마 6:19-20).

생물학 교수, 정치학도 가르치다

나는 두 개의 다른 분야의 학위를 갖고 있다. 애리조나대학에서 미생물·면역학 전공으로 이학박사 학위를 취득하고 건국대학교 생명과학특성학과에서 면역학Immunology과 생화학Biochemistry을 영어로 가르치고 있다. 물론 교재는 영어 원서를 사용하고 시험 문제도 완전히 영어로 낸다. 생화학은 생명이 없는 단백질, 탄수화물, 지방, 핵산 같은 물질들이 어떻게 세포 안에 모여서 생명을 유지하게 해 주는지 연구하는 학문이며, 면역학은 우리 몸의 방어 체계인 면역체계가 어떻게 우리 몸속에 침입한 병원균들과 싸우며 우리의 건강을 지켜 주는지를 연구하는 학문이다.

　그리고 하버드 케네디스쿨에서 학위를 취득하여 미국 메릴랜드대학에서 겸임교수로서 정치학을 전공하는 학생들이 필수로 들어야 하는 미국 정부학American Government을 강의하고 있다. 이 과목은 정치학을 전공하거나 일반교양 과목으로 공부하는 학생들도 수강하고 있다.

　내가 공부해 본 정치학은 매일 벌어지는 우리의 생활과 밀접하게 관련되어 있어서 그런지 매우 흥미롭고 재미있었다. 만약 모든 사람들이 같은 생각을 하고 있고 원하는 모든 것을 가질 수 있다면 정치는 훨씬 간단해질 것이다. 그러나 사람들의 생각이 다 다르고 사회가 가지고 있는 자원이 한정되어 있기 때문에 사람들 사이에 갈등이 발생하는 것은 피할 수가 없다. 이러한 갈등을 해결하고 발생하는 이득과 손실을 적절히 배분하는 방법을 제공하는 것이 정치학이다.

　미국의 정치 시스템은 3개의 시스템, 즉 민주, 헌법 그리고 자유시장 시스템에 의해 이루어져 있다. 민주 시스템은 선거를 통하여 다수가 지배하는 시스템을 말하며, 헌법은 권력을 입법부, 사법부, 행정부로 나누어 어느 한쪽이 막강한 힘을 발휘하지 못하게 서로 견제한다. 미국은 권리장전Bill of Rights을 헌법에 첨가하여 유럽 국가들의 헌법과 달리 다수의 힘에 많은 제한을 두고 있다.

　무엇보다도 미국이 유럽의 민주국가들과 비교해 두드러지는 차이점은 자유시장 시스템이다. 스웨덴 같은 나라에서는 정부가 국가 경제 전체를 관리하려는 노력은 하지 않지만, 정부가 직접 많은 주요 산업을 소유하고 경영함으로써 국민 개인의 최저 생활수준을 보장하기 위해 노력한다. 반면, 미국의 자유시장 시스템은 전적으로 개인 거래에 의하여 움직인다. 즉 경제 활동에서 발생하는 이득과 손실의 배분은 개인의 경제 활동에 의하여 이루어지며 정부의 관여는 최소로 한다. 정부가 나서서 국민들의 복지를 해결하려고 하지 않기 때문에 유럽에 비하면 세금을 적게 거둔다. 미국의 부와 힘은 거의 전적으로 민간 부문에 집중되어 있는 자유시장 시스템에서 나온다.

이처럼 미국의 정치 시스템은 견제와 권력의 균형으로 개인의 자유와 권리를 침해하지 못하게 한다. 그런데 3천 년 전 구약시대 이스라엘에도 견제와 균형의 삼권왕, 제사장, 선지자 분립 제도가 있었다. 왕은 하나님과 백성 사이에 서서 이스라엘을 돌보았고, 제사장은 이스라엘을 위해 하나님께 제물을 드렸다. 그리고 선지자는 왕을 포함한 이스라엘 백성들에게 하나님을 대신하여 계시를 전했다. 왕과 제사장 직분은 가문 대대로 세습되었던 반면, 선지자들은 이스라엘의 모든 지파에서 하나님이 선택했다.

하나님은 선지자를 통해 부패하기 쉬운 기득권 세력인 왕과 제사장에게 하나님의 계시를 전달함으로써 이들을 견제했다. 이스라엘에서 절대 권력자는 오로지 하나님이었으며, 이스라엘은 하나님의 법치 즉 말씀에 근거하여 세워진 하나님의 나라였다. 이처럼 이스라엘은 왕과 제사장 그리고 선지자 사이에 질서와 견제 기능이 분명하게 분립되어 이 지상에 실현되었다.

미국은 정치 시스템과 민주주의 이외에도 정치, 경제, 문화, 사회 전반에 영향을 주고 있는 주요 가치인 개인주의Individualism가 자리 잡고 있다. 그래서 미국 정부는 국가의 자산인 국민 개인들의 역량을 향상시키는 것에 역점을 두고 있으며 개인의 창조력과 상상력 그리고 재능 개발을 위하여 다양한 교육 기회를 제공하고 있다. 가난한 사람도 공정한 경쟁에 참여할 수 있도록 학생 1인당 세계에서 가장 많은 교육예산을 투자하고 있다. 이러한 노력의 결과 대학 교육을 받은 25세 이상 미국 성인의 비율은 세계 최고 수준이다. 이것이 세계 최초로 새로운 발견과 기술 혁신이 미국에서 가장 많이 발생하고, 선구자들과 노벨상 수상자가 가장 많은 이유다.

미국의 개척 시대에는 나라가 너무 넓어서 모든 것을 개인이 알아서 할 수밖에 없었다. 인디언이 공격했을 때 즉시 와서 도울 수 있는 공권력이 없었기 때문에 개인이 결정하고 대응해야 했다. 이로부터 미국인들의 사고에는 자연스럽게 자신의 일은 자신이 결정하고 행동하는 사고가 자리 잡게 되었다. 미국인들은 정부가 개인의 삶에 깊숙이 들어오는 것을 경계한다.

주변의 많은 사람들은 생물학 교수인 내가 어떻게 전혀 다른 분야인 미국 정치학을 가르칠 수 있냐고 궁금해 한다. 생물학에서는 세포 안에서 일어나는 생명 현상을 공부했다면, 케네디스쿨에서는 한 국가 혹은 국제 사회에서 경제와 정치가 어떻게 움직이는지를 거시적인 차원에서 공부했다. 그런데 정말 흥미롭게도 세포 안에서 일어나고 있는 일들이나, 국가 사회에서 사람들 사이에 일어나는 일들이 별 차이가 없다.

세포를 자세히 들여다보면 한 국가가 돌아가는 것과 비슷한 원리로 작동하는 것을 알 수 있다. 예를 들어, 각 나라는 각자 사용하는 화폐가 있다. 세포 안에서도 ATP라는 화폐를 사용한다. 우리가 돈을 지불하고 원하는 물건과 서비스를 사듯이 세포 안에서도 ATP를 이용하여 아미노산을 구입해서 단백질을 만든다. 우리가 사용할 물건이 필요 이상으로 많으면 창고에 저장하고 혹은 돈을 은행에 저축하고 나중에 필요할 때 사용하듯이, 세포도 사용하고 남은 영양분은 글리코겐이나 지방의 형태로 저장해 두었다가 영양분이 더 필요할 때 꺼내어 사용한다. 생산자가 물건을 만들면 그것을 포장해서 도매상으로, 다시 소매상으로 갖다 놓아 소비자가 구입을 한다. 세포에서는 유전체가 단백질을 만들어 소포체로 보내어 가공한 후 골지체로 보내서 어디 문제가 없는지 최종 점검을 한 후 포장해서 목적지로 보낸다. 한 나라에서 생산할 수 없는 것은 외국에서 수입해서 사용하듯이, 세포가 자체 생산할 수 없는 아미노산은 외부 환경을 통해 조달 받는다. 이것을 필수 아미노산이라고 부른다. 사람들은 눈, 입, 귀로 소통하며 사회 활동을 하는데, 세포 안의 물질들도 반응해야 하는 상대 물질을 정확하게 알아보고 찾아가서 서로 반응한다.

나는 면역학을 공부했는데, 우리 몸의 방어 체계인 면역체계도 한 국가의 방어 체계와 같은 원리로 작동한다. 국가는 군대를 두고 있다. 군인은 외부에서 적이 침입하면 적을 발견하여 처치해야 한다. 우리 몸을 병원균으로부터 보호하는 면역체계도 군인에 해당하는 백혈구를 가지고 있다. 백혈구는 외부에서 병원균이 침입하면 즉각 공격한다. 육군, 해군, 공군, 해병대, 특전사 등이 각자 필요한 훈련을 받고 기능을 하듯이, 백혈구도 다양한 기능과 역할을 가진 백혈구들이 존재한다.

이중 '림프구'라는 백혈구는 특전사에 해당한다. 남당하는 병원균이 정해져 있어서 해당 병인군이 침입하면 즉각 출동하여 공격한다. 림프구의 한 종류인 'B림프구'는 항체라는 미사일을 발사해서 멀리 떨어져 있는 병원균을 족집게처럼 찾아내서 공격한다. 군인들의 최고 명령권자는 대통령이다. 면역체계를 구성하는 백혈구 중에서는 '도움T세포'$^{helper T cell}$가 일종의 백혈구 최고 사령관이다. 이 세포는 모든 백혈구가 잘 싸울 수 있도록 세포활성물질을 제공한다. 군인들이 평상시에는 부대에서 훈련을 받으며 전시를 예비하듯이, 림프구도 림프절이나 비장이라는 곳에 모여 있으며 병원균과 싸울 훈련을 받는다. 그러다가 병원균이 침입하면 즉각 이동해 공격한다.

◇◇ **내가 창조주 하나님을 믿는 이유**

세포와 인간 사회는 어떻게 이처럼 같은 원리로 작동하는 것일까? 이 질문은 물질과 사람이 같은 조물주에 의해 만들어졌기 때문이라는 결론에 도달하게 한다. 모든 생명체 즉 사람, 동물, 식물, 미생물은 전혀 다른 생명체임에도 불구하고 각 세포 안에서 동일한 일들이 일어나고 있다. 예를 들면, 유전물질인 DNA가 복제된 뒤 단백질로 만들어지는 과정은 정확히 동일한 방법으로 이루어지고 있다. 이처럼 세포 속에 놀라운 질서와 자연법칙이 있다는 것은 이를 부여한 원인자가 있다는 것을 알려 준다.

지난 40여 년간 생명과학을 공부하며 세포를 들여다보고 있지만 지금까지 모든 생명체가 초월적인 지적 설계자인 하나님에 의해 만들어졌다는 믿음에는 변함이 없다. 신앙을 떠나서 과학적인 현상으로 보더라도 생명의 기원은 창조 이외의 어떤 이론으로도 설명이 가능하지 않다.

그리스도인이 아닐지라도 지적인 창조주Super Intelligence가 우주를 비롯한 생명체를 만들었다고 생각하는 과학자들이 많다. 수술을 위해 사람의 몸 안을 들여다보는 많은 의사들은 매우 정교한 신체 구조가 물질로부터 저절로 생겨나서 목적 없는 진화 과정을 거쳐 만들어진다는 것은 불가능하다고 본다. 특히 사람의 뇌와 생식기가 우연히 만들어지기에는 너무나 복잡하고 정교한 기능을 한다.

이 전지전능한 조물주가 바로 내가 믿고 있는 하나님이라고 믿는 분명한 이유가 있다. 전 세계에 수없이 많은 책들이 있지만, 유일하게 성경만이 누가 어떻게 이 세상을 창조했는지 명확하고 자세하게 서술하고 있기 때문이다.

> "하늘을 창조하신 이 그는 하나님이시니 그가 땅을 지으시고 그것을
> 만드셨으며 그것을 견고하게 하시되 혼돈하게 창조하지 아니하시
> 고 사람이 거주하게 그것을 지으셨으니 나는 여호와라 나 외에 다른
> 이가 없느니라"(사 45:18).

창세기 1장을 보면 하나님은 태초에 하늘天, the heavens과 지구地, the earth를 만드셨다. 여기서 하늘은 지구 밖의 우주 공간을 말한다. 온 우주가 창조되었고 지구는 어둠에 싸이고 흙과 물이 뒤범벅된 혼돈되고 공허한 상태로 존재하고 있었다. 첫째 날에는 '빛'을 만드시고, 어둠으로 인해 무질서한 상

태에 낮과 밤이라는 구분을 통해 질서를 주셨다.

둘째 날에는 하늘^{sky}을 만드신다. 하늘과 하늘 아래를 구분하는 궁창을 만드시는데, 이때 지구에 대기권이 생겨난다. 그러나 아직 땅은 존재하지 않고 하늘 아래는 물로 덮여 있는 상태다.

셋째 날에는 땅 위의 물을 한 곳에 모이게 하여 바다와 마른 땅이 형성되어 대륙과 섬들이 생긴다. 그리고 땅에 각종 식물을 만드셨고, 스스로 자라고 번식할 수 있도록 하여 지구가 녹색으로 덮이게 하셨다.

넷째 날에는 태양과 달을 만들어 태양은 빛의 근원이 되게 하고 달은 태양의 빛을 반사하게 하여 하늘에 빛이 있게 하셨다. 태양과 달이 각각 낮과 밤을 주관하게 하셨다. 지구가 하루 한 번 서쪽에서 동쪽으로 자전하게 하여 태양을 향하는 쪽이 낮이 되고, 반대쪽이 밤이 되게 하셔서 지금의 날^{day}을 주셨다. 그리고 지구가 태양 주위를 1년에 한 번 도는 공전을 하게 하여 해^{year}를 만드셨고, 공전이 반복되면서 해가 증가하도록 했다. 지구를 약 23.4도 비스듬히 태양 주위를 돌게 하여 지구와 태양의 거리에 따라 빛의 양이 달라지게 하므로 계절^{season}이 생기게 하셨다. 그리고 별을 만드셨다. 하늘의 별들은 고정되어 있는데 지구가 매일 한 바퀴씩 회전하기 때문에 별들이 하루에 한 바퀴 회전하는 일주운동을 한다. 하나님은 이러한 움직임을 통해 나중에 사람으로 하여금 시간을 측정할 수 있도록 해 주셨다.

다섯째 날에는 물속에 사는 모든 생명체와 하늘을 나는 모든 새들을 종류대로 만들어 각 종류대로 새끼를 낳고 번식하게 하셨다.

여섯째 날에는 땅 위에 사는 동물들을 종류대로 만드셨다. 그리고 모든 동물에게 식물을 먹고 살도록 하셨다. 그리고 마지막으로 사람을 만드셨다. 특히 사람은 하나님의 형상대로 만들고, 엄청난 축복과 권한을 주셨다. 다른 동물에게는 생육하고 번성하고 땅에 충만하게 하신 반면, 사람에게는 생육하고 번성하라는 말씀과 함께 땅을 정복하고, 모든 생물을 다스리라 하셨다. 아울러 '영원을 사모하는 마음을 주셨다. 그러나 하나님이 하시는 일의 시종을 사람으로 측량할 수 없게 하셨다'전 3:11. 그리고 일곱째 날 안식을 취하셨다.

　　나는 과학자로서 하나님의 창조 과정이 참으로 놀랍다. 이 과정은 2600여 년 전에 기록되었음에도 불구하고 지금 현대 과학이 이해하고 있는 지구, 태양, 달 그리고 별들로 구성된 태양계를 언급하고 있고, 더 나아가 그것들에 의해 만들어지는 낮과 밤, 날day, 해year, 계절을 포함하는 시간의 개념을 동일한 원리로 기록하고 있다. 그리고 하나님은 모든 생명체를 종류대로 각각 만드셨다고 기록하고 있다.

　　즉 원숭이가 사람으로 진화된 것이 아니며 각각 따로 만드신 것이다. 이러한 이유로 지구상에는 원숭이와 사람이 존재할 뿐, 원숭이 같기도 하고 사람 같기도 한 중간 형태는 존재하지 않는다.

　　더 놀라운 사실은, 하나님은 사람과 동물, 식물을 같은 성분으로 만드셨으며, 심지어는 모든 생명체를 흙과 동일한 성분으로 만드셨다. 하나님이 노아의 홍수 이후 노아와 그 아들들을 축복하면서 동물을 먹게 하시기까지창 9:3-4, 하나님은 동물과 사람이 식물만 먹고 살게 하셨다. 여기에 하나님의 놀라운 섭리가 있다. 사람과 동물은 식물을 먹으며 살아가게 창조된 반면,

식물은 한 장소에만 머물러 있어야 함에도 불구하고 다른 생명체를 먹을 필요 없이 스스로 살아갈 수 있게 창조되었다. 식물은 태양에서 나오는 빛 에너지를 이용한 광합성 작용을 통해 필요한 영양분을 자체적으로 만들어 살아갈 수 있는 것이다.

"시끄러운 소리 - 없어요, 오염물질 - 없어요, 굴뚝의 매연 - 없어요, 무슨 공장이죠? - 숲속 나무들의 광합성 공장."

배정순 시인의 시처럼 식물은 소음, 오염물질, 매연을 내뿜지 않고, 오히려 사람과 동물이 내뿜는 쓰레기 가스 이산화탄소를 주 원료로 들이마셔서 사람과 동물에게 필요한 맑은 산소를 만들어 줄 뿐 아니라 영양분과 각종 열매를 공짜로 제공한다. 만약 식물도 사람과 동물처럼 다른 생명체로부터 영양분을 섭취해서 살아가도록 창조되었다면, 식물이 땅 위에 풍성하게 자라지 못할 경우, 사람과 동물의 생존에 치명적인 타격을 주었을 것이다. 이러한 이유로 하나님은 사람과 동물의 식량의 근원이 되는 식물은 햇빛만 있으면 스스로 살아갈 수 있게 하여 땅 위에 늘 넘쳐 나도록 하셨다. 사람과 동물이 생육하고 번성하여 이 땅 위에 충만하게 하기 위한 하나님의 놀라운 창조 신비다.

지금 우리는 식물과 동물을 먹고 건강을 유지하며 살아가고 있다. 여기에 사람, 동물 그리고 식물 간에 존재하는 하나님의 과학적 창조 원리가 있다. 하나님은 모든 생명체가 세포cell로 이루어지고, 세포는 분자molecule로 이루어지며, 분자는 원자atom로 이루어지게 만드셨다. 모든 생명체의 세포 구성과 기본 작동 원리는 동일하며, 세포는 단백질, 탄수화물, 지방질, 핵산 같은 유기물질과 물로 이루어져 있고, 유기물질과 물은 원자로 이루어져 있다. 즉 세포로 구성된 생명체는 원자로 구성되어 있다. 더욱 신기한 것은 무생명체인 흙도 생명체를 구성하는 같은 원자로 구성되어 있다는 사실이다. 이러한 이유로 하나님이 흙으로 사람을 만드셨다는 것[창 2:7]은 과학적으로 맞는 사실이다.

하나님이 사람, 동물, 식물 그리고 흙을 동일한 원자로 만드신 놀라운 이유가 있다. 사람이 동물과 식물을 먹어도 동일한 물질과 원자로 구성되어 있기 때문에 사람 몸속에 들어가 소화되고 분해되었을 때, 동물과 식물의 구성 성분이 사람 몸을 이루는 구성 성분으로 사용될 수 있게 만드신 것이다. 만약 사람, 동물, 식물을 각각 다른 구성 성분으로 창조하셨다면, 우리가 동물과 식물을 먹는다고 해도 우리 몸이 사용할 수 없는 성분이기 때문에 아무런 도움이 안 될 것이다.

"너는 흙이니 흙으로 돌아갈 것이니라"(창 3:19).

우리가 흙이라는 것은, 우리는 흙으로 만들어졌으며 우리 몸은 흙과 동일한 성분으로 이루어져 있다는 의미다. 우리는 이제야 현대 과학의 힘으로 우리 몸과 흙이 같은 원소로 이루어졌다는 것을 알게 되었다. 그런데 기원전 6세기 경에 쓰인 성경은 우리와 흙이 같다고 기록하고 있다. 이는 하나님이 창조주이기에[창 1:1] 가능한 기복이다.

다 흙으로 말미암았으므로 다 흙으로 돌아가나니 다 한 곳으로 가거니와"^{전 3:20}라는 말씀처럼 모든 생명체와 흙이 같은 구성 성분으로 되어 있기 때문에 사람이 죽으면 흙으로 돌아갈 수 있다. 이렇게 사람이 흙에 묻히면, 식물은 분해 과정을 통해 생긴 물질들을 뿌리로 흡수하여 성장한다. 특히 식물이 자체 생산하기 어려운 질소화합물을 미생물의 도움을 받아 흙으로부터 흡수하는 것은 매우 중요하다. 그리고 동물이 그 식물을 먹게 되면 식물 속의 구성 성분이 동물 몸속으로 이동한다. 사람이 그 식물 혹은 그 식물을 먹은 동물을 먹으면 결국 사람 몸속에 들어와 다시 사람의 구성 성분이 되는 것이다.

이러한 이유로 공룡 발가락에 있던 탄소^C 원자가 지금 나의 혀 안에 있을 수 있다. 즉 하나님은 모든 생명체와 흙을 동일한 원자로 만드셔서 생명체가 죽더라도 그 속에 있는 물질과 원자들이 재활용될 수 있도록 창조하셨다. 이 때문에 지구상에 건물이 하나도 없고 세계 인구가 아담과 하와 두 명이었을 때와, 건물이 수없이 많고 인구가 75억 명이나 되는 오늘날의 지구 질량은 거의 같다. 인구가 늘었다고, 건물이 많아졌다고 지구의 무게가 무거워지는 것이 아니다. 구성 성분인 원자들이 여기서 저기로 이동했을 뿐이기 때문이다. 하나님의 놀랍도록 과학적인 창조 원리가 아닐 수 없다.

과학은 하나님을 발견하고 이해하는 수단이다. 하나님은 우주와 지구 그리고 생명체를 창조하신 후 이들 만물 가운데 하나님의 보이지 않는 능력과 신성이 분명하게 나타나게 하셨다. 그리고 사람이 만물 가운데 나타난 하나님을 발견하도록 하셨다. 그러므로 사람은 하나님을 몰랐다고 핑계 댈 수 없다.

"창세로부터 그의 보이지 아니하는 것들 곧 그의 영원하신 능력과 신성이 그가 만드신 만물에 분명히 보여 알려졌나니 그러므로 그들이 핑계하지 못할지니라"(롬 1:20).

이 세상 모든 만물은 하나님의 피조물이며, 주님이 만든 원리로 작동한다. 하나님께서 우리를 만드셨기에 '내 형질이 이루기 전에도 주의 눈이 나를 보셨으며, 나의 모태에서 나를 조직하셨으며, 내 장기를 지으셨다. 그래서 주님은 나를 아시며, 나의 생각을 통촉하시며, 나의 길과 눕는 것을 감찰하시며, 나의 모든 행위를 아신다. 주님은 내가 하늘로 올라가도, 음부에 내려가도 거기 계시며, 내가 바다 끝에 가서 거할지라도 나를 붙드신다. 그리고 나를 영원한 길로 인도하신다'시 139편. 그리고 하나님은 우리에게 창조주 하나님을 아빠 아버지라 부르게 하셨다갈 4:6. 그래서 주님은 "두려워하지 말라"마 10:31고 하셨다.

'너를 지으신 분, 곧 너를 어머니 뱃속에서부터 만들었을 뿐만 아니라 너와 항상 함께 계시면서 너를 도와주실 주께서 말씀하신다. 너는 두려워하지 마라'사 44:2. 하나님이 우리에게 주신 것은 두려워하는 마음이 아니다딤후 1:7. '너희는 잠잠하여라. 그리고 차분히 생각하여 내가 하나님인 줄 알라. 내가 뭇 민족들 위에 더없이 높아질 것이니, 온 세상 만민이 나를 드높이리라'시 46:10. 세계가 다 하나님께 속하였다출 19:5. 이러한 이유로 무릇 하나님께로부터 난 자는 세상을 이긴다요일 5:4!

◇◇ 이제 통섭의 시대다

20세기가 모든 것을 쪼개어 하나하나 세부적으로 분석하는 시대였다면, 21세기는 모든 것을 섞어 하나로 통하게 하는, 즉 지식이 하나로 통합 Unity of Knowledge 되는 통섭의 시대다. 이제 한 우물만 파면 성공하던 시대는 지났다. 4차 산업혁명 시대에는 통섭적인 인재들의 역할이 커질 것이다.

유전물질 DNA의 나선형 구조는 물리학자인 크릭Francis Crick 박사와 분자생물학자인 왓슨James Watson 박사에 의해 발견되었다. 스티브 잡스는 과학과 인문학을 융합하여 2007년 1월 9일 아이폰을 세상에 내놓았다. 전화기와 인터넷 그리고 아이팟을 통합하여 주머니에 들어갈 수 있을 만큼 작은 스마트폰을 만든 것이다. 스마트폰의 출현은 과거에는 경험하지 못한 새로운 세상이 시작되었음을 알리는 신호탄이었다. 그리고 일론 머스크Elon Musk가 테슬라를 창업하여 세계 최초로 전기 자동차 상업화에 성공했고, 스페이스 X를 창업하여 민간 우주 왕복선 시대를 열었다.

화성에 자급자족하는 도시를 건설해 인류를 행성 종족으로 만들려는 프로젝트를 진행하고 있는 일론 머스크는 펜실베이니아대학에서 물리학과 경제학을 전공하고 스탠퍼드대학에서 물리학 박사학위를 취득했다. 바둑 챔피언 이세돌 9단과 대국을 펼쳤던 알파고AlphaGo를 만든 구글 딥마인드 CEO 데미스 하사비스Demis Hassabis는 케임브리지대학에서 컴퓨터를 전공하고 런던대학에서 뇌과학을 공부했다.

열왕기상 4장에서 하나님은 솔로몬에게 '지혜와 총명' 그리고 '바닷

가의 모래밭같이 넓은 마음'을 주셨다. 그 지혜는 동양의 모든 사람의 지혜와 애굽의 모든 지혜보다 뛰어났으며, 솔로몬의 지혜를 구하는 사람들이 국내뿐 아니라 해외에서도 몰려와 예루살렘의 궁전은 그야말로 문전성시를 이루었다. 그런데 흥미로운 것은 하나님이 솔로몬에게 주신 지혜는 통섭적 지혜라는 점이다. 그는 레바논의 백향목에서부터 담벼락에 붙어 자라는 우슬초에 이르기까지 온갖 종류의 식물에 대해 충분히 설명할 수 있었고, 짐승들과 새들, 온갖 기어 다니는 것들과 물고기에 이르기까지 동물에 대해서도 해박한 지식을 갖고 있었다. 즉 그는 생명과학의 세계를 통달하고 있었다. 또한 하나님은 백성을 잘 다스릴 수 있도록 정치·경제·사회과학 분야의 지혜를 주셔서, 이스라엘에 황금시대를 열게 하셨고 대외 평화를 이루고 왕국의 전성기를 이룩하게 하셨다.

주님이 허락하신 지혜는 여기에 그치지 않고 문학과 예술을 아우르는 인문학 분야까지 통달하게 하셨다. 솔로몬이 지은 잠언은 3천이 넘었고, 그가 지은 노래는 1005편이나 된다. 3천여 년 전에 살았던 솔로몬은 자연과학, 사회과학 그리고 인문학까지 모두 섭렵하고 지식의 통합을 이룬 아마도 세계 최초의 통섭형 인재일 것이다.

이제는 '지식'이 경쟁력인 시대는 지났다. 모바일 기술로 엄청나게 많은 양의 지식을 손쉽게 얻을 수 있기 때문이다. 지금은 '생각'이 힘이고 경쟁력이다. 지금까지는 많은 지식을 뇌 속에 넣으려고 노력했다. 그러나 이제는 창조적인 생각을 할 수 있는 뇌도 바꾸는 것이 중요하다. '뇌신경 가소성' Synaptic Plasticity은 뇌가 바뀔 수 있다는 말이다. 새로운 걸 배울 때마다 뇌는 이에 해당하는 뇌신경 세포 네트워크를 만든다. 영어를 공부하면 영어를 위한 뉴런 네트워크가 생기는 식이다. 컴퓨터에 소프트웨어 혹은 스마트폰에 앱을 많이 깔면 깔수록 기능이 많아지는 것과 마찬가지다.

뇌에 다양한 소프트웨어를 깔수록 다양한 생각을 할 수 있게 될 것이며, 그러한 소프트웨어들이 함께 일하면 전혀 생각지 못했던 창조적이고 혁신적인 생각들을 할 수 있게 될 것이다. 이렇게 뇌신경 가소성이 뛰어난 사람들이 세상을 변화시키고 있다.

이처럼 지금은 서로 다른 유형의 지식들이 섞이고 있을 뿐 아니라 세계도 하나가 되고 있다. 자유무역^{FTA}이 대표적인 현상이다. 과거에는 나라들마다 관세 장벽을 쌓아 한 나라의 상품이 다른 나라로 수출되려면 관세로 인하여 판매가 쉽지 않았다. 즉 나라와 나라 사이에 보이지 않는 높은 장벽이 있었다. 그러나 지금은 서로 상품을 자유롭게 사고파는 자유무역 거래를 하고 있다. 국가마다의 벽이 무너지면서 다른 나라에서 생산된 상품이 마치 같은 나라에서 팔리듯이 외국에서도 팔리게 되었다.

과거 외국에 여행을 가고자 하면 비자를 받아야 했다. 그러나 지금은 주요 나라를 갈 때 비자 없이 자유롭게 방문할 수 있다. 국가 간 경계선이 불분명해지고 있다. 언어도 그렇다. 세계는 이미 영어를 단 하나의 공통 언어로 받아들였다. 영어를 배워야 하는 필요와 수요는 계속 증가하고 있다. 지금 중국에서는 3억만 명이 영어를 공부하고 있다. 미국 인구와 맞먹는 숫자다. 전 세계 인터넷의 70퍼센트가 영어로 되어 있다. 100년 안에는 전 세계 모든 사람들이 영어를 말하게 될 것이라고도 한다.

나는 하나님의 인도로 하버드 케네디스쿨에서 정치, 정부, 경제를 공부할 때 이런 통섭의 시대가 올 것을 인식하지 못했다. 통섭이라는 개념은 하버드대학의 에드워드 윌슨Edward Wilson 교수가 쓴 《통섭》Consilience: The Unity of Knowledge이라는 책이 2005년 한국 사회에 소개되면서 알려지게 되었다. 내가 하버드 케네디스쿨에서 공부를 마치고 한국에 돌아온 해가 2005년이었는데, 나는 이미 두뇌 속에서 자연과학과 사회과학이 융합되고 있었고, 윌슨 교수의 책을 접하고 내가 통섭형 인재라는 것을 알게 되었다.

실력이 없어서 대학 지원을 하지 못하고 있을 때 문과 학생이던 나를 건국대학교 공과대학으로 진학하게 도와주셔서, 그 당시 인기도 없었고 적성에도 맞지 않던 생명공학을 공부하게 해 주신 하나님이, 이번에는 생물학 교수인 나를 엉뚱하게 하버드 케네디스쿨로 보내어 사회과학을 공부하도록 하셨다. 그러나 그것은 전혀 엉뚱한 것이 아니었고 오히려 앞으로 올 통섭의 시대를 대비하여 주님께서 특별한 배려와 인도로 나를 준비시켜 주신 것이었다. 세상은 이미 지식의 융합에 의해 새로운 세상이 열리고 있었고, 신新산업혁명이 태동되고 있었다.

◇◇ 4차 산업혁명과 크리스천

지금 우리가 살고 있는 세상은 어떤 세상인가? 그리스도인은 물론 우리가 복음을 전할 사람들은 현재 어떤 세상에 살고 있는지 이해할 필요가 있다. 눈부신 과학 기술의 발전은 세상을 이전과는 완전히 다른 세상으로 바꿔 놓고 있다. 자동차와 비행기로 세상 끝까지 전도 여행을 할 수 있게 됐고, 스마트폰 하나만 있으면 성경을 주머니에 넣고 다닐 수 있다. 우리는 지금 1차, 2차, 3차를 넘어 4차 산업혁명 시대를 맞고 있다. 2007년 1월 9일 스티브 잡스의 아이폰이 세상을 혁명적으로 변화시킨 뒤 불과 10년도 안 되어 구글의 인공지능 알파고가 나오며 AI 시대를 예고하였다.

예수님은 너희가 권능을 받고 땅 끝까지 이르러 내 증인이 되라고 말씀하셨다^{행 1:8}. 과연 그리스도인들이 가야 할 땅 끝은 어디인가?

전문가들은 2020년이면 4차 산업혁명 시대가 본격적으로 시작될 것으로 예측하고 있다. 1차 산업혁명은 1780년 이후 18세기에서 19세기에 걸쳐 일어났으며 농경 사회를 산업화 및 도시화 사회로 변화시켰다. 증기기관 발명과 철도 건설로 철강 산업과 섬유 산업이 주축을 이루었다. 2차 산업혁명은 1차 세계대전 직전인 1870년과 1914년 사이에 발생했다. 전기를 이용한 대량 생산이 가능해졌고 전화, 전구, 축음기와 내연기관 같은 기술들이 등장했다. 1980년대부터 시작된 3차 산업혁명은 아날로그 전자 제품과 기계들이 주축이 되어 오늘날의 디지털 기술 사회로 발전시켰다. 컴퓨터와 인터넷, 정보통신이 주요 기술이다.

4차 산업혁명은 인공지능, 디지털, 가상현실, 빅데이터를 통해 그동안 우리 뇌가 사용하고 있지 않던 잠재력을 발휘하게 하여 인류 역사에 새로운 장을 열어 줄 것이다. 구글의 CEO 순달 피차이^{Sundar Pichai}는 "지난 10년간 모바일 기기가 중심이 된 세계였다면, 향후 10년은 인공지능 중심의 세계로 변화될 것이다"라고 했다. 인공지능은 방대한 데이터를 분석해 미래를 예측하는 머신러닝^{Machine Learning} 단계를 거쳐 지금은 여러 데이터를 이용하여 마치 사람처럼 스스로 학습하는 딥러닝^{Deep Learning} 단계로 진화하고 있다. 알파고가 바로 딥러닝 기술에 기반한 컴퓨터 프로그램이다.

이처럼 인류는 단순한 디지털 시대에서 인공지능과 사물인터넷 그리고 빅데이터 기술들이 생물의 세계와 융합되는 시대로 가고 있다. 이러한 변화는 새로운 생활환경과 경제 생태계를 만들 것이며, 기존의 시장 구조와 노동 시장에 큰 변화를 가져올 것이다. 수입과 생활의 질이 향상될 것이며, 생산성이 향상되면서 새로운 시장이 열리며 경제 성장으로 이어질 것이다. 그러나 기술과 재능이 뛰어난 사람들의 수요는 증가하지만, 교육 수준이 낮고 기술이 낮은 사람들의 수요는 줄어들어 사회 계층 간 뚜렷한 불평등 구조가 형성될 것이다. 이는 또 다른 사회문제를 일으키게 될 것이다.

4차 산업혁명 시대는 인기^{人機} 시대다. 즉 사람과 기계가 가깝게 소통하며 지내는 시대다. 그런 이유로 '비인간화'라는 사회문제가 발생할 수밖에 없다.

과거 헨리 포드가 자동차 생산 공장을 지은 이래 기계화되고 분업화된 대량 생산 체제인 '포디즘'^{Fordism}은 생산의 효율성을 획기적으로 증가시켰다. 그러나 극도의 분업과 표준화는 노동자로 하여금 노동에서 소외시키는 결과로 이어져 '비인간화'의 사회문제를 일으켰다.

이제 4차 산업혁명은 인간을 고봇화할 수 있으며 영혼을 빼앗아 갈 수도 있다. 그런 까닭에 오늘 우리는 인간의 중요한 속성인 사랑과 배려 그리고 공감 같은 능력을 지속적으로 발전시키고 유지시키는 일에 힘을 쏟을 필요가 있다.

　스마트폰을 사용함으로써 휴식, 사고 그리고 의미 있는 대화 같은 일상의 중요한 요소들이 사라지고 있듯이, 혁신 기술은 이제 우리의 사랑, 배려, 동정심과 협동 같은 인간 본연의 성품을 사라지게 할지도 모른다. 1차, 2차, 3차 산업혁명을 거치면서 공기와 토양, 물 등 환경오염이 심각해졌다면, 4차 산업혁명은 SNS를 통해 사람의 뇌를 잘못된 생각이나 이데올로기들로 오염시킬 수 있는 더 심각한 문제를 야기할 것으로 전문가들은 예상하고 있다.

　사람의 마음과 정신은 인공지능과 로봇이 도와줄 수 있는 분야가 아니다. 이러한 이유로 4차 산업혁명 시대는 우리 그리스도인들의 역할이 더 요구되는 시대다. 왜냐하면 사람의 심령이 받을 수 있는 가장 큰 축복인 사랑, 희락, 화평, 오래 참음, 자비, 양선, 충성, 온유, 절제의 9가지 열매는 성령을 통해서만 얻어질 수 있기 때문이다^{갈 5:22-23}. 복음을 땅 끝까지 전한다는 것은 이제 이 성령의 열매를 전하는 일이 될 것이다.

　스마트폰은 처음 등장한 지 10년 만에 전 세계인의 55퍼센트가 가지고 있는 아이템이 되었다. 4차 산업혁명 시대에는 전 인류가 스마트폰을 갖게 되어 인터넷으로 24시간 연결되는 시대가 될 것이다. 이처럼 지리적, 언어적, 문화적, 시간적 장벽이 낮아져서 굳이 비행기를 타고 나가지 않아도 쉽고 빠르게 전도 대상자에게 접근할 수 있게 되었다. 그리스도인들은 이 4차 산업혁명이 가져올 세상의 변화를 적극 활용해 하나님 나라 확장에 더 힘써야 할 것이다.

4차 산업혁명 시대를 지나 10차 산업혁명 시대가 온다고 해도, 변하지 않는 진리가 있다. 그것은 '오직 주님만이 우리의 하나님이요, 우리의 영원한 반석'이라는 사실이다[시 26:4]. 주께서 집을 짓지 아니하시면 집 짓는 자의 수고가 헛되고, 주께서 성을 지키지 않으시면 파수꾼이 깨어 있는 것이 헛일이기 때문이다[시 127:1].

인류는 과학기술 혁명을 통해 더 좋은 세상을 만들어 우리 자신을 지키고 싶어 한다. 그러나 과학기술 혁명은 인류의 삶을 보다 편리하게 만들었을지는 몰라도 궁극적으로 우리 삶을 지켜 주지는 못했다. 오히려 핵무기와 미사일을 비롯한 첨단 살상 무기가 더 많아졌고, 싸움과 분쟁과 테러가 오히려 더 만연되고 있다. 이제는 세상에서 안전한 지대는 없다. 과학기술 혁명은 한편으로 그 혜택을 누리지 못하는 소외 계층의 삶을 피폐하게 만들고 있다. 다윗의 고백처럼 여호와만이 나의 힘과 방패이시며 의지하고 도움을 얻을 수 있는 분이다[시 28:7].

"Lord, I Cannot, But You Can!"

'나는 아무것도 할 수 없어요, 그러나 주님은 할 수 있습니다!' 하나님께서 우리 안에서 활동하셔서 자신의 기쁘신 뜻에 따라 우리로 하여금 결정하게 하고 또 실천하게 하시는[빌 2:13], 그래서 이제는 내가 사는 것이 아니고 내 안에서 그리스도가 사는 인생을 살 때[갈 2:20], 예수 그리스도를 통하여 승리하는^{고전 15:57} 삶이 될 것이다. 소망을 하나님께 두고 살 때^{딤전 6:17}, 하나님께서 주시는 강한 힘을 받아서 우리가 가는 길이 온전해질 것이다^{시 18:32}. 주님과 동행하는 삶이 이 세상에서 가장 안전하고 복된 삶이다. 산업혁명은 우리의 삶을 온전하게 할 수 없다. 하나님의 말씀만이 사람을 온전하게 한다^{딤후 3:17}. 산업혁명은 사람의 영혼을 살릴 수 없지만, 살아 있고 능력이 넘치는 하나님의 말씀^{히 4:12}은 사람을 살린다. 복음만이 하나님과 사람을 만나게 해 주어 주님의 에너지와 생명의 능력으로 사람을 온전케 하며, 하나님의 통치를 받는 인생을 살게 해 준다. 그리하여 우리가 사는 날을 따라서 능력이 있게 하여, 내게 능력 주시는 자 안에서 내가 모든 것을 할 수 있다고^{빌 4:13} 고백할 수 있게 해 준다.

산업혁명은 계속 새로운 모습으로 등장하고 있지만, 주님의 말씀은 변함없이 우리와 함께하고 있다.

> "그러므로 모든 육체는 풀과 같고 그 모든 영광은 풀의 꽃과 같으니 풀은 마르고 꽃은 떨어지되 오직 주의 말씀은 세세토록 있도다 하였으니 너희에게 전한 복음이 곧 이 말씀이니라"(벧전 1:24-25).

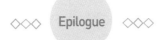

영원한 감사를 노래하다

1985년 나는 오하이오주립대학에서 제적된 뒤 받아 주는 대학이 없어 공원 벤치를 전전하고 있었다. 하나님은 1월에 나의 사랑하는 딸 위나를 주셔서 나를 아버지 되게 하셨다. 내 딸의 탄생은 '하나님께서 나를 버리시지 않았다'사 41:9는 것을 확증하고 다시 소망을 갖고 미래를 바라보라는 하나님의 계시였다. 그리고 그 해 봄에 애리조나대학 박사과정 합격 통지서를 받았다. 1985년은 딸이 태어났고 내게 새로운 기회와 길이 열린 소중한 해였다.

그런데 하나님께서 내가 회갑이었던 2016년 1월에 천사를 주셨다.

내 딸이 딸을 낳은 것이다. 외손녀 '이세연'이 태어난 것이다. 갓 태어난 위나를 바구니에 넣고 콜럼버스 한인교회에서 예배를 드렸던 때가 엊그제 같은데, 그 바구니에 누워 있던 딸이 엄마가 되었고 나는 '할비'가 되었다. 천사 아기는 꽃보다 더 예쁘고, 별보다 더 빛나며, 꽃보다 더 사랑스러운 향기를 내뿜는다. 나는 하나님이 주신 축복을 품에 가득 안았다. 그녀는 이미 내 마음속에 너무 깊숙이 들어와서 나조차도 꺼내기 힘든 숨 쉬는 사랑이 되었다. 내 사랑을 소리도 없이 가져가고 있는 그녀는 분명 하나님의 은혜다. 하나님은 아브라함을 비롯한 사랑하는 사람들에게 자손이 번창하는 축복을 주겠다고 약속하셨는데, 이제 그게 왜 축복인지를 알 것 같다. 외손녀를 선사한 딸과 사위가 참 고맙다.

2016년은 또 전혀 예상하지 않았던 기회가 주어진 해다. 생전 처음 신앙 간증을 하게 된 것이다. 평생 교회를 다니면서 수많은 간증을 들었지만 내가 간증을 하게 될 줄은 꿈에도 생각하지 못했다. 가난했고 공부도 못했던 내 이야기가 무슨 간증이 되나 싶었다.

그러나 하나님은 그 해 8월 3천여 명이 참석한 한국기독실업인회CBMC 대회에 나를 세우셨다. 나는 내 개인의 얘기를 그렇게 많은 사람들 앞에서 꺼내 놓기가 몹시 망설여졌지만, 주님은 네 이야기가 아니라 내 이야기니 편안히 올라가서 마음껏 '나'를 자랑하라고 하셨다. 순종하는 마음으로 강단에 섰는데 놀랍게도 사람들이 나의 간증을 좋아해 주었다.

그 후 주님께서는 나의 이야기를 방송을 통해 더 많은 사람들에게 알리셨고, 신앙 간증 책까지 출간하게 해 주셨다. 하나님은 60년이라는 내 인생의 시간을 통해 한 편의 드라마를 쓰셔서 사람들에게 아직도 너희를 사랑한다고, 아직도 너희를 위해 일하고 있다고 알려 주시고 싶었던 것 같다.

또 전혀 생각지도 않던 일이 일어났다. 미국 메릴랜드대학에서 '2016년 글로벌 교수상' 수상자로 선정되었다는 소식을 전해 온 것이다. 하비어 총장은 "학교에서 연구하고 후학을 양성하는 데 그치지 않고, 본인의 전문성을 학교 밖 세상으로 가지고 나가 생명을 구하는 일에 앞장서고 있는 점을 높이 평가했다"고 했다. 나는 어려운 이웃을 돕는 일을 쉬지 말고 계속하라는 주님의 격려로 받아들였다. 꼴찌 학생을 글로벌 교수로 세우시는 주님은 참 멋지시다!

하나님은 어떤 사람을 택하여 사용하실까? 세상에서는 탁월한 재능, 해박한 지식, 풍부한 경험이 중요한 반면, 하나님께서는 오히려 세상의 미련한 사람들, 약한 사람들, 천한 사람들 그리고 멸시 받는 사람들을 택하시어 고전 1:27, 누구든지 자랑하려거든 주님 안에서 자랑하기를 원하신다[31절]. 주님이 원하는 것은 겸손한 자의 가난한 마음, 울며 회개하는 상한 영혼, 주님의 말을 두렵게 여기고 기꺼이 따르는 순종, 바로 이런 것들을 원하신다[사 66:2]. 하나님의 기준은 세상의 기준과 다르다.

나는 지금까지 살아오면서 스스로 내 인생 경로를 선택한 적이 없기 때문에 자랑할 것이 하나도 없다. 대학 진학할 실력이 안 되어 고민하고 있을 때, 주님은 김명진 교수님을 보내어 적성에도 맞지 않은 생명공학을 전공하게 하셨고, 그분을 통해 나의 꿈을 교수로 고백하게 하셨다. 오히이오주립대학에서 제적된 후, 다른 대학에서 받아 주지 않을 때 도널드 딘 교수로 하여금 추천서를 써 주게 하셨고, 유일하게 나를 받아 준 애리조나대학의 찰스 스털링 교수를 따라 에이즈 공부를 하게 하셨다. 나는 스탠퍼드대학에 가서 연구할 계획도 기업을 창업할 계획도 없었다. 그러나 하나님은 노벨상 수상자 블럼버그 박사와 전문경영인 서정진 회장을 내 인생에 보내어 실리콘밸리와 기업 창업을 경험하게 하셨다. 여기서 그치지 않고 나를 엉뚱하게 하버드 케네디스쿨로 보내어 사회과학을 공부시키셨다. 그리고 국제 무대에서 통섭적인 전략으로 에이즈 퇴치 운동을 하게 하셨다.

이 모든 것이 내가 계획하고 간 길이 아니었다. 하나부터 열까지 주님이 하신 일이었다. 단 한 가지라도 당당히 내 힘으로 계획하고 성취한 것이라고 말할 수 있는 게 없다. 이러한 이유로 나에게 자랑할 게 있다면 그것은 오직 '나의 하나님'뿐이다. 이 책이 나의 이야기가 아니라, 미약하고 모자란 나를 하나님의 체육관으로 데려가 훈련시키고 사용하신 '하나님의 이야기'인 이유가 여기에 있다.

많은 사람들은 내 몸은 나의 것이며 내 인생은 나의 인생이므로, 내가 내 인생을 계획하고 내가 열심히 노력해서 내 인생을 만들어 가는 것으로 생각한다. 그러나 우리 안에서 행하시는 이는 하나님이다[빌 2:13]. 그리스도인은 자신의 힘으로 사는 것이 아니며, 성령을 통해 능력 주시는 하나님의 통치를 받는 자다. 그리고 하나님께서는 우리 구주 예수 그리스도를 통하여 우리를 상속자로[딛 3:6-7] 삼으셨고, 우리로 하여금 아빠 아버지라 부르게 하셨으며, 그리스도와 함께 공동 상속자로 만들어 주셨다[롬 8:15, 17]. 자기 아들을 아끼지 않고 우리의 대속자로 내주신 하나님이 어찌 우리에게 모든 것을 주시지 않을 수 있겠는가롬 8:32.

하나님은 지금도 "내 것이 다 네 것이로다"눅 15:31, "내가 어찌 너를 놓겠느냐, 내가 어찌 너를 버리겠느냐"호 11:8 그리고 "정녕히 네 장래가 있겠고 네 소망이 끊어지지 아니하리라"잠 23:18고 말씀하신다. 그리고 우리가 선한 일을 하도록 그리스도 예수 안에서 지음 받은 하나님의 작품이니엡 2:10, 우리의 빛을 사람들 앞에 비추게 하여 우리의 착한 행실을 보고 하늘에 계신 아버지께 영광을 돌리며마 5:16 살기를 기대하신다.

"나의 60년을 함께해 주시고, 주님의 한없는 사랑과 은혜를 책으로 기록하게 해 주신 주님께 감사드립니다. '여호와가 우리 하나님이신 줄 너희는 알지어다 그는 우리를 지으신 이요 우리는 그의 것이니 그의 백성이요 그의 기르시는 양이로다'시 100:3. 주님은 저를 지으시고 잘 길러 주셨습니다. 저의 보이지 않는 끈이셨습니다. 내 삶을 적신 것은 주님의 사랑이었습니다. 주님께 감사하는 마음으로 노래를 불러 드리고 싶어요. '영원한 감사' 들어 보세요.

> 날 구원하신 주 감사 모든 것 주심 감사
> 지난 세월 모두 감사 주 내 곁에 계시네
> 향기론 봄철을 감사 알곡 주심도 감사
> 사라진 눈물도 감사 나의 영혼 평안해

응답하신 기도 감사 거절하심도 감사
헤쳐 나온 풍랑 감사 모든 것 채우시네
아픔과 기쁨도 감사 절망 중에도 감사
측량 못할 위로 감사 크신 사랑 감사해

길가의 장미꽃 감사 장미 가시도 감사
주 섬기는 우리 가정 소망 주신 것 감사
기쁨과 슬픔도 감사 하늘 평강 감사해
내일의 축복을 감사 영원히 감사하세

아버지, 잘 들으셨나요? 노래는 잘 못하지만, 저의 노래는 감사입니다. 제 마음이 감사로 아버지께 닿게 하소서. 이제부터는 그 어떤 것을 새로 구하는 것보다는, 남은 인생 동안 저의 기도는 '아버지 감사합니다!'로 충분할 것 같아요."

God loves you

Trust His love

I pray for you